北大 北大大课堂 大众学术传播经典 大师与大众的相逢

朱自清

文学家 曾长期担任清华大学教授

经典常谈

朱自清 著

北京大学出版社
PEKING UNIVERSITY PRESS

图书在版编目(CIP)数据

经典常谈 / 朱自清著 . —北京：北京大学出版社，2009.9
（北大大课堂）
ISBN 978-7-301-15679-7

Ⅰ . 经… Ⅱ . 朱… Ⅲ . 社会科学－古籍－简介－中国 Ⅳ . Z835

中国版本图书馆 CIP 数据核字（2009）第 145583 号

书　　名	经典常谈 JINGDIAN CHANGTAN
著作责任者	朱自清　著
出版策划	王炜烨
责任编辑	王炜烨
标准书号	ISBN 978-7-301-15679-7
出版发行	北京大学出版社
地　　址	北京市海淀区成府路 205 号　100871
网　　址	http://www.pup.cn
电子邮箱	zpup@ pup.cn
电　　话	邮购部 010-62752015　发行部 010-62750672　编辑部 010-62750673
印刷者	大厂回族自治县彩虹印刷有限公司
经销者	新华书店
	787 毫米×1092 毫米　16 开本　11.5 印张　118 千字 2009 年 9 月第 1 版　2023 年 9 月第 2 次印刷
定　　价	23.00 元

未经许可，不得以任何方式复制或抄袭本书之部分或全部内容。
版权所有，侵权必究
举报电话：010-62752024　电子邮箱：fd@pup.pku.edu.cn
图书如有印装质量问题，请与出版部联系，电话：010-62756370

目 录

序	001
《说文解字》第一	007
《周易》第二	019
《尚书》第三	029
《诗经》第四	041
《三礼》第五	053
《春秋》三传第六(国语附)	063
《四书》第七	073
《战国策》第八	083
《史记》《汉书》第九	091
《诸子》第十	109
《辞赋》第十一	123
诗第十二	135
文第十三	151

序

　　这部书不是"国学概论"一类。照编撰者现在的意见,"概论"这名字容易教读者感到自己满足;"概论"里好像什么都有了,再用不着别的——其实什么都只有一点儿!"国学"这名字,和西洋人所谓"汉学"一般,都未免笼统的毛病。国立中央研究院的历史语言研究所分别标明历史和语言,不再浑称"国学",确是正办。这部书以经典为主,以书为主,不以"经学""史学""诸子学"等作纲领。但《诗》《文》两篇,却还只能叙述源流;因为书太多了,没法子一一详论,而集部书的问题,也不像经、史、子的那样重要,在这儿也无须详论。书中各篇的排列按照传统的经、史、子集的顺序;并照传统的意见将"小学"书放在最前头;各篇的讨论,尽量采择近人新说;这中间并无编撰者自己的创见,编撰者的工作只是编撰罢了。

在中等以上的教育里,经典训练应该是一个必要的项目。经典训练的价值不在实用,而在文化。有一位外国教授说过,阅读经典的用处,就在教人见识经典一番。这是很明达的议论。再说做一个有相当教育的国民,至少对于本国的经典,也有接触的义务。本书所谓经典是广义的用法,包括群经、先秦诸子、几种史书、一些集部;要读懂这些书,特别是经、子,得懂"小学",就是文字学,所以《说文解字》等书也是经典的一部分。我国旧日的教育,可以说整个儿是读经的教育。经典训练成为教育的唯一的项目,自然偏枯失调;况且从幼童时代就开始,学生食而不化,也徒然摧残了他们的精力和兴趣。新式教育施行以后,读经渐渐废止。民国以来虽然还有一两回中小学读经运动,可是都失败了,大家认为是开倒车。另一方面,教育部制定的初中国文课程标准里却有"使学生从本国语言文字上,了解固有文化"的话,高中的标准里更有"培养学生读解古书,欣赏中国文学名著之能力"的话。初高中的国文教材,从经典选录的也不少。可见读经的废止并不就是经典训练的废止,经典训练不但没有废止,而且扩大了范围,不以经为限,又按着学生程度选材,可以免掉他们囫囵吞枣的弊病。这实在是一种进步。

我国经典,未经整理,读起来特别难,一般人往往望而生畏,结果是敬而远之。朱子似乎见到了这个,他注"四书",一种作用就是使"四书"普及于一般人。他是成功的,他的"四书"注后来成了小学教科书。又如清初人选注的《史记菁华录》,价值和影响虽然远在"四书"注之下,可是也风行了几百年,帮助初学不少。但到了现在这时代,这些书都不适用了。我们知道清代"汉学家"对于经典的校勘和训诂贡献极大。我们理想中一般人的经典读本——有些该是全书,有些只该是选本节本——应该尽可能地采取他们的结论:一面将本文分段,仔细地标点,并用白话文作简要的注释。每种读本还得有一篇切实而浅明的白话文导言。这需要见解、学力和经验,不是一个人一个时期所能成就的。商务印书馆编印的一些"学生国学丛书",似乎就是这番用意,但离我们理想的标准还远着呢。理想的经典读本既然一时不容易出现,有些人便想着先从治标下手。顾颉刚先生用浅明的白话文译《尚书》,又用同样的文体写《汉代学术史略》,用意便在这里。这样办虽然不能教一般人直接亲近经典,却能启发他们的兴趣,引他们到经典的大路上去。这部小书也只是向这方面努力的工作。如果读者能把它当做一只船,航到经典的海里去,编撰者将自己庆幸,在经典训练上,尽了他做尖兵的一份儿。可是如果读者念了这部书,便以为已经受到了经典训练,不再想去见识经典,那就是以筌为鱼,未免辜负编撰者的本心了。

>>> 杨子华《北齐校书图》。杨子华，北齐世祖时人，时有"画圣"之称，他的画风有承前启后的作用。现只有一卷传为宋临的《北齐校书图》（藏美国波士顿博物馆）存世。这卷宋摹本，所画的是北齐天保七年（556）文宣帝高洋命樊逊和文士高干和等11人负责刊定国家收藏的《五经》诸史的情景。

这部书不是"国学概论"一类。照编撰者现在的意见,"概论"这名字容易教读者感到自己满足;"概论"里好像什么都有了,再用不着别的——其实什么都只有一点儿!"国学"这名字,和西洋人所谓"汉学"一般,都未免笼统的毛病。国立中央研究院的历史语言研究所分别标明历史和语言,不再浑称"国学",确是正办。这部书以经典为主,以书为主,不以"经学""史学""诸子学"等作纲领。但《诗》《文》两篇,却还只能叙述源流;因为书太多了,没法子一一详论,而集部书的问题,也不像经、史、子的那样重要,在这儿也无须详论。书中各篇的排列按照传统的经、史、子集的顺序;并照传统的意见将"小学"书放在最前头;各篇的讨论,尽量采择近人新说;这中间并无编撰者自己的创见,编撰者的工作只是编撰罢了。全篇的参考资料,开列在各篇后面;局部的,随处分别注明。也有袭用成说而没有注出的,那是为了节省读者的注意力;一般的读物和考据的著作不同,是无须乎那样严格的。末了儿编撰者得谢谢杨振声先生,他鼓励编撰者写下这些篇"常谈"。还得谢谢雷海宗先生允许引用他还没有正式印行的《中国通史选读》讲义,陈梦家先生允许引用他的《中国文字学》稿本。还得谢谢董庶先生,他给我抄了全份清稿,让排印时不致有太多的错字。

朱自清

三十一年二月,昆明西南联合大学

《说文解字》第一

东汉和帝时，有个许慎，作了一部《说文解字》。这是一部划时代的字书。经典和别的字书里的字，他都搜罗在他的书里，所以有九千字。这部书意在帮助人通读古书，并非只供通俗之用，和秦代及西汉的字书是大不相同的。它保存了小篆和一些晚周文字，让后人可以溯源沿流；现在我们要认识商周文字，探寻汉以来字体演变的轨迹，都得凭这部书。而且不但研究字形得靠它，研究字音字义也得靠它。研究文字的形音义的，以前叫"小学"，现在叫文字学。《说文解字》是文字学的古典，又是一切古典的工具或门径。

> 中国文字相传是黄帝的史官叫仓颉的造的。

中国文字相传是黄帝的史官叫仓颉的造的。这仓颉据说有四只眼睛，他看见了地上的兽蹄儿鸟爪儿印着的痕迹，灵感涌上心头，便造起文字来。文字的作用太伟大了，太奇妙了，造字真是一件神圣的工作。但是文字可以增进人的能力，也可以增进人的巧诈。仓颉泄漏了天机，却将人教坏了。所以他造字的时候，"天雨粟，鬼夜哭"。人有了文字，会变机灵了，会争着去做那容易赚钱的商人，辛辛苦苦去种地的便少了。天怕人不够吃的，所以降下米来让他们存着救急。鬼也怕这些机灵人用文字来制他们，所以夜里嚎哭①；文字原是有巫术的作用的。但仓颉造字的传说，战国末期才有。那时人并不都相信，如《易·系辞》里就只说文字是"后世圣人"造出来的。这"后世圣人"不止一人，是许多人。我们知道，文字不断地在演变着；说是一人独创，是不可能的。《系辞》的话自然合理得多。

> 仓颉造字的传说，战国末期才有。

"仓颉造字说"也不是凭空起来的。秦以前是文字发生与演化的时代，字体因世因国而不同，官书虽是系统相承，民间书却极为庞杂。到了战国末期，政治方面，学术方面，都感到统一的需要了，鼓吹的也有人了；文字统一的需要，自然也在一般意识之中。这时候抬出一个造字的圣人，实在是统一文字的预备工夫，好教人知道"一个"圣人造的字当然是该一致的。《荀子·解蔽篇》说，"好书者众矣，而仓颉独传者，一也"，"一"是"专一"的意思，这儿只说仓颉是个整理文字的专家，并不曾说他是造字的人；可见得那时"仓颉造字说"还没有凝成定型。但是，仓颉究竟是什么人呢？照近人的解释，"仓颉"的字音近于"商契"，造字的也许指的是商契。商契是商民族的祖宗。"契"有"刀刻"的义；古代用刀笔刻字，文字有"书契"的名称。可能因为这点联系，商契便传为造字的圣人。事实上商契也许和造字全然无涉，但这个传说却暗示着文字起于夏商之间。这个暗示也许是值得相信的。至于仓颉是黄帝的史官，始见于《说文序》。"仓颉造字说"大概凝定于汉初，那时还没有定出他是哪一代的人；《说文序》所称，显然是后来加添的枝叶了。

识字是教育的初步。《周礼·保氏》说贵族子弟八岁入小学，先生教给他们识字。秦以前字体非常庞杂，贵族子弟所学的，大约只是官书罢了。秦始皇统一了天下，他也统一了文字；小篆成了国书，别体渐归淘汰，识字便简易多了。这时候贵族阶级已经没有了，所以渐渐注重一般的识字教育。到了汉代，考试史、尚书史（书记秘书）等官儿，都只凭识字的程度；识字教育更注重了。识字需要字书。相传最古的字书是《史籀篇》，是周宣王的太史籀作的。这部书已经佚去，但许慎《说文解字》里收了好些"籀文"，又称为"大篆"，字体和小篆差不多，和始皇以前三百年的碑碣器物上的秦篆简直一样。所以现在相信这只是始皇以前秦国的字书。"史籀"是"书记必读"的意思，只是书名，不是人名。

始皇为了统一文字，教李斯作了《仓颉篇》七章，赵高作了《爰

> 仓颉究竟是什么人呢？照近人的解释，"仓颉"的字音近于"商契"，造字的也许指的是商契。商契是商民族的祖宗。

> 识字是教育的初步。

> 相传最古的字书是《史籀篇》，是周宣王的太史籀作的。

历篇》六章,胡母敬作了《博学篇》七章。所选的字,大部分还是《史籀篇》里的,但字体以当时通用的小篆为准,便与"籀文"略有不同。这些是当时官定的标准字书。有了标准字书,文字统一就容易进行了。汉初,教书先生将这三篇合为一书,单称为《仓颉篇》。秦代那三种字书都不传了;汉代这个《仓颉篇》,现在残存着一部分。西汉时期还有些人作了些字书,所选的字大致和这个《仓颉篇》差不多。其中只有史游的《急就篇》还存留着。《仓颉》残篇四字一句,两句一韵。《急就篇》不分章而分部,前半三字一句,后半七字一句,两句一韵;所收的都是名姓、器物、官名等日常用字,没有说解。这些书和后世"日用杂字"相似,按事类收字——所谓分章或分部,都据事类而言。这些一面供教授学童用,一面供民众检阅用,所收约三千三百字,是通俗的字书。

东汉和帝时,有个许慎,作了一部《说文解字》。这是一部划时代的字书。经典和别的字书里的字,他都搜罗在他的书里,所以有九千字。而且小篆之外,兼收籀文"古文";"古文"是鲁恭王所得孔子宅"壁中书"及张仓所献《春秋左氏传》的字体,大概是晚周民间的别体字。许氏又分析偏旁,定出部首,将九千字分属五百四十部首。书中每字都有说解,用晚周人作的《尔雅》,扬雄的《方言》,以及经典的注文的体例。这部书意在帮助人通读古书,并非只供通俗之用,和秦代及西汉的字书是大不相同的。它保存了小篆和一些晚周文字,让后人可以溯源沿流;现在我们要认识商周文字,探寻汉以来字体演变的轨迹,都得凭这部书。而且不但研究字形得靠它,研究字音字义也得靠它。研究文字的形音义的,以前叫"小学",现在叫文字学。从前学问限于经典,所以说研究学问必须从小学入手;现在学问的范围是广了,但要研究古典、古史、古文化,也还得从文字学入手。《说文解字》是文字学的古典,又是一切古典的工具或门径。

《说文·序》提起出土的古器物,说是书里也搜罗了古器物铭的文字,便是"古文"的一部分,但是汉代出土的古器物很少;而拓墨的法子到南北朝才有,当时也不会有拓本,那些铭文,许慎能见到的怕是更少。所以他的书里还只有秦篆和一些晚周民间书,再古的可以说是没有。到了宋代,古器物出土的多了,拓本也流行了,那时有了好些金石图录考释的书。"金"是铜器,铜器的铭文称为金文。铜器里钟鼎最是重器,所以也称为钟鼎文。这些铭文都是记事的。而宋以来发见的铜器大都是周代所作,所以金文多是两周的文字。清代古器物出土的更多,而光绪二十五年(西元1899年)河南安阳发现了商代的甲骨,尤其是划时代的。甲是龟的腹甲,骨是牛胛骨。商人钻灼甲骨,以卜吉凶,卜完了就在上面刻字纪录。这称为甲骨文,又称为卜辞,是盘庚(约西元前1300年)以后的商代文字。这大概是最古的文字了。甲骨文,金文,以及《说文》里所谓"古文",还有籀文,现在统统算作古文字,这些大部分是文字统一以前的官书。甲骨文是"契"的;金文是"铸"的。铸是先在模子上刻字,再倒铜。古代书写文字的方法除"契"和"铸"外,还有"书"和"印",因用的材料而异。"书"用笔,竹木简以及帛和纸上用"书"。"印"是在模子上刻字,印在陶器或封泥上②。古代用竹木简最多,战国才有帛;纸是汉代才有的。笔出现于商代,却只用竹木削成。竹木简、帛、纸,都容易坏,汉以前的,已经荡然无存了。

造字和用字有六个条例,称为"六书"。"六书"这个总名初见于《周礼》,但六书的各个的名字到汉人的书里才见。一是"象形",象物形的大概,如"日""月"等字。二是"指事",用抽象的符号,一是"象形",二是"指事",三是"会意",四是"形声",五是"转注",六是"假借"。

指示那无形的事类,如"⊒"(上)"⊒"(下)两个字,短画和长画都是抽象的符号,各代表着一个物类。"⊒"指示甲物在乙物之上,"⊒"指示甲物在乙物之下。这"上"和"下"两种关系便是无形的事类。又如"刃"字,在"刀"形上加一点,指示刃之所在,也是的。三是"会意",会合两个或两个以上的字为一个字,这一个字的意义是那几个字的意义积成的,如"止""戈"为"武","人""言"为"信"等。四是"形声",也是两个字合成一个字,但一个字是形,一个字是声;形是意符,声是音标。如"江""河"两字,"氵"(水)是形,"工""可"是声。但声也有兼义的。如"浅""钱""贱"三字,"水""金""贝"是形,同以"戋"为声;但水小为"浅",金小为"钱",贝小为"贱",三字共有的这个"小"的意义,正是从"戋"字来的。象形、指事、会意、形声,都是造字的条例;形声最便,用处最大,所以我们的形声字最多。五是"转注",就是互训。两个字或两个以上的字,意义全部相同或一部分相同,可以互相解释的,便是转注字,也可以叫做同义字。如"考""老"等字,又如"初""哉""首""基"等字;前者同形同部,后者不同形不同部,却都可以"转注"。同义字的孳生,大概是各地方言不同和古今语言演变的缘故。六是"假借",语言里有许多有音无形的字,借了别的同音的字,当做那个意义用。如代名词,"予""汝""彼"等,形况字"犹豫""孟浪""关关""突如"等,虚助字"于""以""与""而""则""然""也""乎""哉"等,都是假借字。又如"令",本义是"发号",借为县令的"令";"长"本义是"久远",借为县长的"长"。"县令""县长"是"令""长"的引申义。假借本因有音无字,但以后本来有字的也借用别的字。所以我们现在所用的字,本义的少,引申义的多,一字数义,便是这样来的。这可见假借的用处也很广大。但一字借成数义，颇不容易分别。晋以来通行了四声，这才将同一字分读几个音，让意义分得开些。如"长远"的"长"平声，"县长"的"长"读上声之类。这样，一个字便变成几个字了。转注、假借都是用字的条例。象形字本于图画。初民常以画记名，以画记事，这便是象形的源头。但文字本于语言，语言发于声音，以某声命物，某声便是那物的名字。这是"名"，"名"该只指声音而言。画出那物形的大概，是象形字。"文字"与"字"都是通称；分析地说，象形的字该叫做"文"，"文"是"错画"的意思③。"文"本于"名"，如先有"日"名，才会有"日"这个"文"；"名"就是"文"的声音。但物类无穷，不能一一造"文"，便只得用假借字。假借字以声为主，也可以叫做"名"。一字借为数字，后世用四声分别，古代却用偏旁分别，这便是形声字。如"囟"本像箕形，是"文"，它的"名"是"丩"。而日期的"期"，旗帜的"旗"，麒麟的"麒"等，在语言中与"囟"同声，却无专字，便都借用"囟"字。后来才加"月"为"期"，加"㫃"为"旗"，加"鹿"为"麒"，一个字变成了几个字。严格地说，形声字才该叫做"字"，"字"是"孳乳而渐多"的意思④。象形有抽象作用，如一画可以代表任何一物，"⼆"（上）"⼆"（下）"一""二""三"其实都可以说是象形。象形又有指示作用，如"刀"字上加一点，表明刃在那里。这样，旧时所谓指事字其实都可以归入象形字。象形还有会合作用，会合两个或两个以上的分子，表示一个意义；那么，旧时所谓会意字其实也可以归入象形字。但会合成功的不是"文"，也该是"字"。象形字、假借字、形声字，是文字发展的逻辑的程序，但甲骨文里三种字都已经有了。这里所说的程序，是近人新说，和"六书说"颇有出入。"六书说"原有些不完备不清楚的地方，新说加以补充修正，似乎更可信些。

象形字本于图画。

象形字、假借字、形声字，是文字发展的逻辑的程序，但甲骨文里三种字都已经有了。

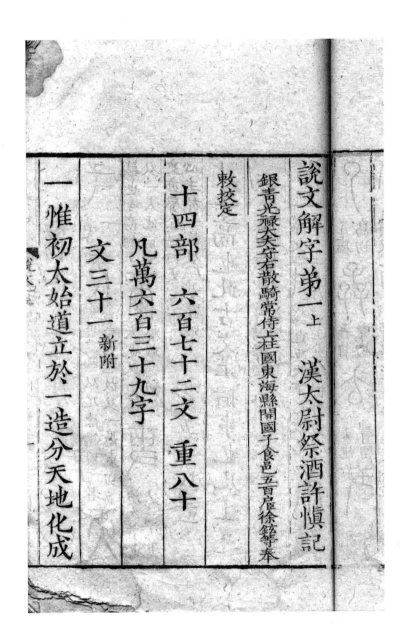

>>> 《说文解字》旧刻本书影

秦以后只是书体演变的时代。演变的主因是应用,演变的方向是简易。始皇用小篆统一了文字,不久便又有了"隶书"。当时公事忙,文书多,书记虽遵用小篆,有些下行文书,却不免写得草率些。日子长了,这样写的人多了,便自然而然成了一体,称为"隶书";因为是给徒隶等下级办公人看的。这种字体究竟和小篆差不多。到了汉末,才渐渐变了,椭圆的变为扁方的,"敛笔"变为"挑笔"。这是所谓汉隶,是隶书的标准。晋唐之间,又称为"八分书"。汉初还有草书,从隶书变化,更为简便。这从清末以来在新疆和敦煌发现的汉晋间的木简里最能见出。这种草书,各字分开,还带着挑笔,称为"章草"。魏晋之际,又嫌挑笔费事,改为敛笔,字字连书,以一行或一节为单位。这称为"今草"。隶书方整,去了挑笔,又变为"正书"。这起于魏代。晋唐之间,却称为"隶书",而称汉隶为"八分书"。晋代也称为"楷书"。宋代又改称为"真书"。正书本也是扁方的,到陈隋的时候,渐渐变方了。到了唐代,又渐渐变长了。这是为了好看。正书简化,便成"行书",起于晋代。大概正书不免于拘,草书不免于放,行书介乎两者之间,最为适用。但现在还通用着正书,而辅以行草。一方面却提倡民间的"简笔字",将正书行书再行简化,这也还是求应用便利的缘故。

参考资料:

《说文解字叙》。

容庚,《中国文字学》。

陈梦家,《中国文字学》稿本。

注释：

① 《淮南子·本经训》及高诱注。

② 古代简牍用泥封口，在泥上盖印。

③ 《说文·文部》。

④ 《说文·序》。

《周易》第二

讲五行的经典，现在有《尚书·洪范》；讲八卦的便是《周易》。

那时卜筮官将这些卦爻辞按着卦爻的顺序编辑起来，便成了《周易》这部书。

《周易》现在已经变成了儒家经典的第一部；但早期的儒家还没注意这部书。

《周易》的经传都出于圣人之手，所以和儒家所谓道统关系特别深切；这成了他们一部传道的书。所以到了汉代，便已跳到"六经"之首了。

儒家的《周易》是哲学化了的；民众的《周易》倒是巫术的本来面目。

在人家门头上，在小孩的帽饰上，我们常见到八卦那种东西。八卦是圣物；放在门头上，放在帽饰里，是可以辟邪的。辟邪还只是它的小神通；它的大神通在能够因往知来，预言吉凶。算命的、看相的、卜课的，都用得着它。他们普通只用五行生克的道理就够了，但要详细推算，就得用阴阳和八卦的道理。八卦及阴阳五行和我们非常熟习；这些道理直到现在还是我们大部分人的信仰；我们大部分人的日常生活不知不觉之中教这些道理支配着。行人不至、谋事未成、财运欠通、婚姻待决、子息不旺，乃至种种疾病疑难，许多人都会去求签问卜、算命看相，可见影响之大。讲五行的经典，现在有《尚书·洪范》；讲八卦的便是《周易》。

<small>八卦相传是伏羲氏画的。</small>　八卦相传是伏羲氏画的。另一个传说却说不是他自出心裁画的。那时候有匹龙马从黄河里出来，背着一幅图，上面便是八卦，伏羲只照着描下来罢了。但这因为伏羲是圣人，那时代是圣世，天才派了龙马赐给他这件圣物。<small>所谓"河图"，便是这个。</small>所谓"河图"，便是这个。那讲五行的洪范，据说也是大禹治水时在洛水中从一只神龟背上得着的，也出于天赐。所谓"洛书"，便是那个。但这些神怪的故事显然是八

卦和五行的宣传家造出来抬高这两种学说的地位的。伏羲氏恐怕压根儿就没有这个人,他只是秦汉间儒家假托的圣王。至于八卦,大概是有了筮法以后才有的。商民族是用龟的腹甲或牛的胛骨卜吉凶,他们先在甲骨上钻一下,再用火灼;甲骨经火,有裂痕,便是兆象,卜官细看兆象,断定吉凶;然后便将卜的人、卜的日子、卜的问句等用刀笔刻在甲骨上。这便是卜辞。卜辞里并没有阴阳的观念,也没有八卦的痕迹。

卜法用牛骨最多,用龟甲是很少的。商代农业刚起头,游猎和畜牧还是主要的生活方式。那时牛骨头不缺少,到了周代,渐渐脱离游牧时代,进到农业社会了。牛骨头便没有那么容易得了。这时候却有了筮法,作为卜法的辅助。筮法只用些蓍草,那是不难得的。蓍草是一种长寿草,古人觉得这草和老年人一样,阅历多了,知道的也就多了,所以用它来占吉凶。筮的时候用它的杆子;方法已不能详知,大概是数的。取一把蓍草,数一下看是什么数目,看是奇数还是偶数,也许这便可以断定吉凶。古代人看见数目整齐而又有变化,认为是神秘的东西。数目的连续、循环以及奇偶,都引起人们的惊奇。那时候相信数目是有魔力的,所以巫术里用得着它。——我们一般人直到现在,还嫌恶奇数,喜欢偶数,该是那些巫术的遗迹。那时候又相信数目是有道理的,所以哲学里用得着它。我们现在还说,凡事都有定数,这就是前定的意思;这是很古的信仰了。人生有数,世界也有数,数是算好了的一笔账;用现在的话说,便是机械的。数又是宇宙的架子,如说太极生两仪,两仪生四象①,就是一生二、二生四的意思。筮法可以说是一种巫术,是靠了数目来判断吉凶的。

> 至于八卦,大概是有了筮法以后才有的。
>
> 卜辞里并没有阴阳的观念,也没有八卦的痕迹。
>
> 筮法可以说是一种巫术,是靠了数目来判断吉凶的。

>>> 周文王的演易坊,位于河南汤阴羑里城。

八卦的基础便是一二三的数目。整画"一"是一；断画"--"是二；三画叠而成卦是☰。这样配出八个卦，便是☰☱☲☳☴☵☶☷；乾、兑、离、震、艮、坎、巽、坤，是这些卦的名字。那整画断画的排列，也许是在排列着蓍草时触悟出来的。八卦到底太简单了，后来便将这些卦重起来，两卦重作一个，按照算学里错列与组合的必然，成了六十四卦，就是《周易》里的卦数。蓍草的应用，也许起于民间；但八卦的创制，六十四卦的推演，巫与卜官大约是重要的角色。古代巫与卜官同时也就是史官，一切的记载，一切的档案，都掌管在他们手里。他们是当时知识的权威，参加创卦或重卦的工作是可能的。筮法比卜法简便得多，但起初人们并不十分信任它。直到春秋时候，还有"筮短龟长"的话②。那些时代，大概小事才用筮，大事还得用卜的。

筮法袭用卜法的地方不少。卜法里的兆象，据说有一百二十体，每一体都有十条断定吉凶的"颂"辞③。这些是现成的辞。但兆象是自然地灼出来的，有时不能凑合到那一百二十体里去，便得另造新辞。筮法里的六十四卦，就相当于一百二十体的兆象。那断定吉凶的辞，原叫做繇辞，"繇"是抽出来的意思。《周易》里一卦有六画，每画叫作一爻——六爻的次序是由下向上数的。繇辞有属于卦的总体的，有属于各爻的；所以后来分称为卦辞和爻辞。这种卦爻辞也是卜筮官的占筮纪录，但和甲骨卜辞的性质不一样。

从卦爻辞里的历史故事和风俗制度看，我们知道这些是西周初叶的纪录，纪录里好些是不连贯的，大概是几次筮辞并列在一起的缘故。那时卜筮官将这些卦爻辞按着卦爻的顺序编辑起来，便成了《周易》这部书。"易"是"简易"的意思，是说筮法比卜法简易的意思。本来呢，卦数既然是一定的，每卦每爻的辞又是一定的，检查起来，引申推论起来，自然就"简易"了。不过这只在当时的卜筮官如此。他们熟习当时的背景，卦爻辞虽"简"，他们却觉得"易"。到了后世就不然了，筮法久已失传，有些卦爻辞简直就看不懂了。《周易》原只是当时一部切用的筮书。

《周易》原只是当时一部切用的筮书。

《周易》现在已经变成了儒家经典的第一部；但早期的儒家还没注意这部书。孔子是不讲怪、力、乱、神的。《论语》里虽有"五十以学《易》，可以无大过矣"的话，但另一个本子作"五十以学，亦可以无大过矣"④；所以这句话是很可疑的。孔子只教学生读《诗》《书》和《春秋》，确没有教读《周易》。《孟子》称引《诗》《书》，也没说到《周易》。《周易》变成儒家的经典，是在战国末期。那时候阴阳家的学说盛行，儒家大约受了他们的影响，才研究起这部书来。那时候道家的学说也盛行，也从另一面影响了儒家。儒家就在这两家学说的影响之下，给《周易》的卦爻辞作了种种新解释。这些新解释并非在忠实地确切地解释卦爻辞，其实倒是借着卦爻辞发挥他们的哲学。这种新解释存下来的，便是所谓《易传》。

《周易》变成儒家的经典，是在战国末期。

这种新解释存下来的，便是所谓《易传》。

《易传》中间较有系统的是彖辞和象辞。彖辞断定一卦的涵义——"彖"就是"断"的意思。象辞推演卦和爻的象，这个"象"字相当于现在所谓"观念"。这个字后来成为解释《周易》的专门名词。但彖辞断定的涵义，象辞推演的观念，其实不是真正从卦爻里探究出来的；那些只是作传的人傅会在卦爻上面的。这里面包含着多量的儒家伦理思想和政治哲学；象辞的话更有许多和《论语》相近的。但说到"天"的时候，不当做有人格的上帝，而只当做自然的道，却是道家的色彩了。这两种传似乎是编纂起来的，并非一人所作。此外有《文言》和《系辞》。《文言》解释乾坤两卦；《系辞》发挥宇宙观人生观，偶然也有分别解释卦爻的话。这些似乎都是抱残守缺,汇集众说而成。到了汉代,又新发现了《说卦》《序卦》《杂卦》三种传。《说卦》推演卦象,说明某卦的观念象征着自然界和人世间的某些事物,譬如乾卦象征着天,又象征着父之类。《序卦》说明六十四卦排列先后的道理。《杂卦》比较各卦意义的同异之处。这三种传据说是河内一个女子在什么地方找着的,后来称为《逸易》;其实也许就是汉代人作的。

八卦原只是数目的巫术,这时候却变成数目的哲学了。那整画"—"是奇数,代表天,那断画"--"是偶数,代表地。奇数是阳数,偶数是阴数;阴阳的观念是从男女来的。有天地,不能没有万物,正和有男女就有子息一样,所以三画才能成一卦。卦是表示阴阳变化的;《周易》的"易",也便是变化的意思。为什么要八个卦呢?这原是算学里错列与组合的必然,但这时候却想着是万象的分类。乾是天,是父等;坤是地,是母等;震是雷,是长子等;巽是风,是长女等;坎是水,是心病等;离是火,是中女等;艮是山,是太监等;兑是泽,是少女等。这样,八卦便象征着也支配着整个的大自然,整个的人间世了。八卦重为六十四卦,卦是复合的,卦象也是复合的,作用便更复杂更具体了。据说伏羲神农黄帝尧舜一班圣人看了六十四卦的象,悟出了种种道理,这才制造了器物,建立了制度、耒耜以及文字等等东西,"日中为市"等等制度,都是他们从六十四卦推演出来的。

这个观象制器的故事,见于《系辞》。《系辞》是最重要的一部《易传》。这传里借着八卦和卦爻辞发挥着的融合儒道的哲学,和观象制器的故事,都大大地增加了《周易》的价值,抬高了它的地位。《周易》的地位抬高了,关于它的传说也就多了。《系辞》里只说伏羲作八卦;后来的传说却将重卦的、作卦爻辞的、作《易传》的人,都补出来了。但这些传说都比较晚,所以有些参差,不尽能像

《序卦》说明六十四卦排列先后的道理。《杂卦》比较各卦意义的同异之处。

卦是表示阴阳变化的;《周易》的"易",也便是变化的意思。

为什么要八个卦呢?

《系辞》是最重要的一部《易传》。

"伏羲画卦说"那样成为定论。重卦的人，有说是伏羲的，有说是神农的，有说是文王的。卦爻辞有说全是文王作的，有说爻辞是周公作的；有说全是孔子作的。《易传》却都说是孔子作的。这些都是圣人。《周易》的经传都出于圣人之手，所以和儒家所谓道统，关系特别深切；这成了他们一部传道的书。所以到了汉代，便已跳到"六经"之首了⑤。但另一面阴阳八卦与五行结合起来，三位一体地演变出后来医卜星相种种迷信，种种花样，支配着一般民众，势力也非常雄厚。这里面儒家的影响却很少了，大部分还是《周易》原来的卜筮传统的力量。儒家的《周易》是哲学化了的；民众的《周易》倒是巫术的本来面目。

参考资料：

顾颉刚，《周易卦爻辞中的故事》(《古史辨》第三册上)。

李镜池，《易传探原》(同上)。

余永梁，《易卦爻辞的时代及其作者》(同上)。

注释：

① 二语见《易·系辞》。太极是混沌的元气，两仪是天地，四象是日月星辰。

②《左传·僖公四年》。

③《周礼·春官·太卜》。

④《古论语》作"易"，《鲁论语》作"亦"。

⑤《庄子·天运篇》和《天下篇》所说"六经"的次序是：《诗》《书》《礼》《乐》《易》《春秋》；到了《汉书·艺文志》，便成了《易》《书》《诗》《礼》《乐》《春秋》了。

《尚书》第三

　　《尚书》是中国最古的记言的历史。所谓记言，其实也是记事，不过是一种特别的方式罢了。

　　中国的记言文是在记事文之先发展的。商代甲骨卜辞大部分是些问句，记事的话不多见。两周金文也还多以记言为主。直到战国时代，记事文才有了长足的进展。古代言文大概是合一的；说出的写下的都可以叫做"辞"。卜辞我们称为"辞"，《尚书》的大部分其实也是"辞"。我们相信这些辞都是当时的"雅言"，就是当时的官话或普通话。

《尚书》是中国最古的记言的历史。所谓记言,其实也是记事,不过是一种特别的方式罢了。记事比较的是间接的,记言比较的是直接的。记言大部分照说的话写下来;虽然也须略加剪裁,但是尽可以不必多费心思。记事需要化自称为他称,剪裁也难,费的心思自然要多得多。

中国的记言文是在记事文之先发展的。商代甲骨卜辞大部分是些问句,记事的话不多见。两周金文也还多以记言为主。直到战国时代,记事文才有了长足的进展。古代言文大概是合一的;说出的写下的都可以叫做"辞"。卜辞我们称为"辞",《尚书》的大部分其实也是"辞"。我们相信这些辞都是当时的"雅言"①,就是当时的官话或普通话。但传到后世,这种官话或普通话却变成诘屈聱牙的古语了。

《尚书》包括虞夏商周四代;大部分是号令,就是向大众宣布的话,小部分是君臣相告的话。也有记事的;可是照近人的说数,那记事的几篇,大都是战国末年人的制作,应该分别地看。那些号令多称为"誓"或"诰",后人便用"誓""诰"的名字来代表这一类。平

> 《尚书》是中国最古的记言的历史。

> 《尚书》包括虞夏商周四代;大部分是号令,就是向大众宣布的话,小部分是君臣相告的话。

031

时的号令叫"诰",有关军事的叫"誓"。君告臣的话多称为"命";臣告君的话却似乎并无定名,偶然有称为"谟"②的。这些辞有的是当代史官所记,有的是后代史官追记。当代史官也许根据亲闻,后代史官便只能根据传闻了。这些辞原来似乎只是说的话,并非写出的文告;史官纪录,意在存作档案,备后来查考之用。这种古代的档案,想来很多,留下来的却很少。汉代传有《书序》,来历不详,也许是周秦间人所作。有人说,孔子删《书》为百篇,每篇有序,说明作意。这却缺乏可信的证据。孔子教学生的典籍里有《书》,倒是真的。那时代的《书》是个什么样子,已经无从知道。"书"原是纪录的意思③;大约那所谓"书"只是指当时留存着的一些古代的档案而言;那些档案恐怕还是一件件的,并未结集成书。成书也许是在汉人手里。那时候这些档案留存着的更少了,也更古了,更稀罕了;汉人便将它们编辑起来,改称《尚书》。"尚","上"也;《尚书》据说就是"上古帝王的书"。④"书"上加一"尚"字,无疑的是表示着尊信的意味。至于《书》称为"经",始于《荀子》⑤;不过也是到汉代才普遍罢了。

儒家所传的"五经"中,《尚书》残缺最多,因而问题也最多。秦始皇烧天下诗书及诸侯史记,并禁止民间私藏一切书。到汉惠帝时,才开了书禁;文帝接着更鼓励人民献书。书才渐渐见得着了。那时传《尚书》的只有一个济南伏生⑥。伏生本是秦博士。始皇下诏烧诗书的时候,他将《书》藏在墙壁里。后来兵乱,他流亡在外。汉定天下,才回家;检查所藏的《书》,已失去数十篇,剩下的只二十九篇了。他就守着这一些,私自教授于齐鲁之间。文帝知道了他的名字,想召他入朝。那时他已九十多岁,不能远行到京师去。文帝便派掌故官晁错来从他学。伏生私人的教授,加上朝廷的提倡,

> 这些辞原来似乎只是说的话,并非写出的文告;史官纪录,意在存作档案,备后来查考之用。
>
> 那时候这些档案留存着的更少了,也更古了,更稀罕了;汉人便将它们编辑起来,改称《尚书》。
>
> 儒家所传的"五经"中,《尚书》残缺最多,因而问题也最多。

使《尚书》流传开去。伏生所藏的本子是用"古文"写的,还是用秦篆写的,不得而知;他的学生却只用当时的隶书钞录流布。这就是东汉以来所谓《今尚书》或《今文尚书》。汉武帝提倡儒学,立"五经"博士;宣帝时每经又都分家数立官,共立了十四博士。每一博士各有弟子员若干人。每家有所谓"师法"或"家法",从学者必须严守。这时候经学已成利禄的途径,治经学的自然就多起来了。《尚书》也立下欧阳(和伯),大小夏侯(夏侯胜、夏侯建)三博士,却都是伏生一派分出来的。当时去伏生已久,传经的儒者为使人尊信的缘故,竟有硬说《尚书》完整无缺的。他们说,二十九篇是取法天象的,一座北斗星加上二十八宿,不正是二十九吗[⑦]!这二十九篇,东汉经学大师马融、郑玄都给作过注;可是那些注现在差不多亡失干净了。

> 这就是东汉以来所谓《今尚书》或《今文尚书》。

汉景帝时,鲁恭王为了扩展自己的宫殿,去拆毁孔子的旧宅。在墙壁里得着"古文"经传数十篇,其中有《书》。这些经传都是用"古文"写的;所谓"古文",其实只是晚周民间别体字。那时恭王肃然起敬,不敢再拆房子,并且将这些书都交还孔家的主人孔子的后人叫孔安国的。安国加以整理,发见其中的《书》比通行本多出十六篇;这称为《古文尚书》。武帝时,安国将这部书献上去。因为语言和字体的两重困难,一时竟无人能通读那些"逸书",所以便一直压在皇家图书馆里。成帝时,刘向、刘歆父子先后领校皇家藏书。刘向开始用《古文尚书》校勘今文本子,校出今文脱简及异文各若干。哀帝时,刘歆想将《左氏春秋》《毛诗》《逸礼》及《古文尚书》立博士;这些都是所谓"古文"经典。当时的"五经"博士不以为然,刘歆写了长信和他们争辩[⑧]。这便是后来所谓"今古文之争"。

> 这些经传都是用"古文"写的;所谓"古文",其实只是晚周民间别体字。

> 刘歆想将《左氏春秋》《毛诗》《逸礼》及《古文尚书》立博士;这些都是所谓"古文"经典。

周公曰：呜呼！君子所其无逸。先知稼穑之艰难，乃逸，则知小人之依。相小人，厥父母勤劳稼穑，厥子乃不知稼穑之艰难，乃逸乃谚。既诞，否则侮厥父母曰：昔之人无闻知。周公曰：呜呼！我闻曰：昔在殷王中宗，严恭寅畏，天命自度治民，祗惧不敢荒宁。肆中宗之享国七十有五年。其在高宗，时旧劳于外，爰暨小人。作其即位，乃或亮阴，三年不言。其惟不言，言乃雍。不敢荒宁，嘉靖殷邦。至于小大，无时或怨。肆高宗之享国五十有九年。其在祖甲，不义惟王，旧为小人。作其即位，爰知小人之依，能保惠于庶民，不敢侮鳏寡。肆祖甲之享国三十有三年。自时厥后立王，生则逸。生则逸，不知稼穑之艰难，不闻小人之劳，惟耽乐之从。自时厥后，亦罔或克寿。或十年，或七八年，或五六年，或四三年。周公曰：呜呼！厥亦惟我周太王、王季，克自抑畏。文王卑服，即康功田功。徽柔懿恭，怀保小民，惠鲜鳏寡。自朝至于日中昃，不遑暇食，用咸和万民。文王不敢盘于游田，以庶邦惟正之供。文王受命惟中身，厥享国五十年。周公曰：呜呼！继自今嗣王，则其无淫于观、于逸、于游、于田，以万民惟正之供。无皇曰：今日耽乐。乃非民攸训，非天攸若，时人丕则有愆。无若殷王受之迷乱，酗于酒德哉！周公曰：呜呼！我闻曰：古之人犹胥训告，胥保惠，胥教诲，民无或胥譸张为幻。此厥不听，人乃训之，乃变乱先王之正刑，至于小大。民否则厥心违怨，否则厥口诅祝。周公曰：呜呼！自殷王中宗及高宗及祖甲及我周文王，兹四人迪哲。厥或告之曰：小人怨汝詈汝。则皇自敬德。厥愆，曰：朕之愆，允若时。不啻不敢含怒。此厥不听，人乃或譸张为幻，曰小人怨汝詈汝，则信之，则若时，不永念厥辟，不宽绰厥心，乱罚无罪，杀无辜。怨有同，是丛于厥身。

录尚书无逸篇 廿年十一月顾颉刚

今古文之争是西汉经学一大史迹。所争的虽然只在几种经书,他们却以为关系孔子之道即古代圣帝明王之道甚大。"道"其实也是幌子,骨子里所争的还在禄位与声势;当时今古文派在这一点上是一致的。不过两派的学风确也有不同处。大致今文派继承先秦诸子的风气,"思以其道易天下"⑨,所以主张通经致用。他们解经,只重微言大义;而所谓微言大义,其实只是他们自己的历史哲学和政治哲学。古文派不重哲学而重历史,他们要负起保存和传布文献的责任;所留心的是在章句、训诂、典礼、名物之间。他们各得了孔子的一端,各有偏畸的地方。到了东汉,书籍流传渐多,民间私学日盛。私学压倒了官学,古文经学压倒了今文经学;学者也以兼通为贵,不再专主一家。但是这时候"古文"经典中《逸礼》即《礼》古经已经亡佚,《尚书》之学,也不昌盛。

东汉初,杜林曾在西州(今新疆境)得漆书《古文尚书》一卷,非常宝爱,流离兵乱中,老是随身带着。他是怕"《古文尚书》学"会绝传,所以这般珍惜。当时经师贾逵、马融、郑玄都给那一卷《古文尚书》作注,从此《古文尚书》才显于世⑩。原文"《古文尚书》学"直到贾逵才真正开始;从前是没有什么师说的。而杜林所得只一卷,绝不如孔壁所出的多,学者竟爱重到那般地步。大约孔安国献的那部《古文尚书》,一直埋没在皇家图书馆里,民间也始终没有盛行,经过西汉末年的兵乱,便无声无臭地亡失了罢。杜林的那一卷,虽经诸大师作注,却也没传到后世;这许又是三国兵乱的缘故。《古文尚书》的运气真够坏的,不但没有能够露头角,还一而再地遭到了些冒名顶替的事儿。这在西汉就有。汉成帝时,因孔安国所献的《古文尚书》无人通晓,下诏征求能够通晓的人。东莱有个张霸,不知孔壁的书还在,便根据《书序》,将伏生二十九篇分为数十,作为中段,又采《左氏传》及《书序》所说,补作首尾,共成《古文尚书百二篇》。每篇都很简短,文意又浅陋。他将这伪书献上去。成帝教用皇家图书馆藏着的孔壁《尚书》对看,满不是的。成帝便将张霸下在狱里,却还存着他的书,并且听它流传世间。后来张霸的再传弟子樊并谋反,朝廷才将那书毁废;这第一部伪《古文尚书》就从此失传了。

到了三国末年,魏国出了个王肃,是个博学而有野心的人。他伪作了《孔子家语》《孔丛子》⑪,又伪作了一部孔安国的《古文尚书》,还带着孔安国的传。他是个聪明人,伪造这部《古文尚书》孔传,是很费了心思的。他采辑群籍中所引"逸书",以及历代嘉言,改头换面,巧为联缀,成功了这部书。他是参照汉儒的成法,先将伏生二十九篇分割为三十三篇,另增多二十五篇,共五十八篇⑫,以合于东汉儒者如桓谭、班固所记的《古文尚书》篇数。所增各篇,用力阐明儒家的"德治主义",满纸都是仁义道德的格言。这是汉武帝罢黜百家,专崇儒学以来的正统思想,所谓大经大法,足以取信于人。只看宋以来儒者所口诵心维的"十六字心传"⑬,正在他伪作的《大禹谟》里,便见出这部伪书影响之大。其实《尚书》里的主要思想,该是"鬼治主义",像《盘庚》等篇所表现的。"原来西周以前,君主即教主,可以为所欲为,不受什么政治道德的拘束。逢到臣民不听话的时候,只要抬出上帝和先祖来,自然一切解决。"这叫做"鬼治主义"。"西周以后,因疆域的开拓,交通的便利,富力的增加,文化大开。自孔子以至荀卿、韩非,他们的政治学说都建筑在人性上面。尤其是儒家,把人性扩张得极大。他们觉得政治的良好只在诚信的感应;只要君主的道德好,臣民自然风从,用不到威力和鬼神的压迫。"这叫做"德治主义"⑭。看古代的档案,包含着

> 到了三国末年,魏国出了个王肃,他伪作了《孔子家语》《孔丛子》,又伪作了一部孔安国的《古文尚书》,还带着孔安国的传。

> 自孔子以至荀卿、韩非,他们的政治学说都建筑在人性上面。

"鬼治主义"思想的,自然比包含着"德治主义"思想的可信得多。但是王肃的时代早已是"德治主义"的时代;他的伪书所以专从这里下手。他果然成功了。只是词旨坦明,毫无诘屈聱牙之处,却不免露出了马脚。

晋武帝时候,孔安国的《古文尚书》曾立过博士⑮;这《古文尚书》大概就是王肃伪造的。王肃是武帝的外祖父,当时即使有怀疑的人,也不敢说话。可是后来经过怀帝永嘉之乱,这部伪书也散失了,知道的人很少。东晋元帝时,豫章内史梅赜发现了它,便拿来献到朝廷上去。这时候伪《古文尚书》孔传便和马、郑注的《尚书》并行起来了。大约北方的学者还是信马、郑的多,南方的学者才是信伪孔的多。等到隋统一了天下,南学压倒了北学,马、郑《尚书》,习者渐少。唐太宗时,因章句繁杂,诏令孔颖达等编撰《五经正义》;高宗永徽四年(西元653年),颁行天下,考试必用此本。《正义》成了标准的官书,经学从此大统一。那《尚书正义》便用的伪《古文尚书》孔传。伪孔定于一尊,马、郑便更没人理睬了;日子一久,自然就残缺了,宋以来差不多就算亡了。伪《古文尚书》孔传如此这般冒名顶替了一千年,直到清初的时候。

这一千年中间,却也有怀疑伪《古文尚书》孔传的人。南宋的吴棫首先发难。他有《书稗传》十三卷⑯,可惜不传了。朱子因孔安国的"古文"字句皆完整,又平顺易读,也觉得可疑⑰。但是他们似乎都还没有去找出确切的证据。至少朱子还不免疑信参半;他还采取伪《大禹谟》里"人心""道心"的话解释四书,建立道统呢。元代的吴澄才断然的将伏生今文从伪古文分出;他的《尚书纂言》只注解今文,将伪古文除外。明代梅鹭著《尚书考异》,更力排伪孔,并找出了相当的证据。但是严密钩稽决疑定谳的人,还得等待

> 这时候伪《古文尚书》孔传便和马、郑注的《尚书》并行起来了。

> 伪《古文尚书》孔传如此这般冒名顶替了一千年,直到清初的时候。

清代的学者。这里该提出三个可尊敬的名字。第一是清初的阎若璩，著《古文尚书疏证》。第二是惠栋，著《古文尚书考》，两书辨析详明，证据确凿，教伪孔体无完肤，真相毕露。但将作伪的罪名加在梅赜头上，还不免未达一间。第三是清中叶的丁晏，著《尚书余论》，才将真正的罪人王肃指出。千年公案，从此可以定论。这以后等着动手的，便是搜辑汉人的伏生《尚书》说和马、郑注。这方面努力的不少，成绩也斐然可观；不过所能做到的，也只是抱残守缺的工作罢了。伏生《尚书》从千年迷雾中重露出真面目，清代诸大师的劳绩是不朽的。但二十九篇固是真本，其中也还该分别地看。照近人的意见，《周书》大都是当时史官所记，只有一二篇像是战国时人托古之作。《商书》究竟是当时史官所记，还是周史官追记，尚在然疑之间。《虞书》《夏书》大约多是战国末年人托古之作，只《甘誓》那一篇许是后代史官追记的。这么着，《今文尚书》里便也有了真伪之分了。

参考资料：

王先谦，《尚书孔传参正序例》及卷三十六《伪孔安国序》。

顾颉刚，《论今文尚书著作时代书》（《古史辨》第一册）。

注释：

① "雅言"见《论语·述而》。

②《说文·言部》："谟，议谋也。"

③《说文·书部》："书，著也。"

④《论衡·正说篇》。

⑤《劝学篇》。

⑥ 裴骃《史记集解》引张晏曰:"伏生名胜,《伏氏碑》云。"

⑦《论衡·正说篇》。

⑧《汉书·本传》。

⑨ 语见章学诚《文史通义·言公》上。

⑩《后汉书·杨伦传》。

⑪《家语》托名孔安国,《孔丛子》托名孔鲋。

⑫ 桓谭《新论》作五十八,《汉书·艺文志》自注作五十七。

⑬ 见真德秀《大学衍义》。所谓十六字是:"人心惟危,道心惟微,惟精惟一,允执厥中。"在伪《大禹谟》里,是舜对禹的话。

⑭ 以上引顾颉刚《盘庚中篇今译》(《古史辨》第二册)。

⑮《晋书·荀嵩传》。

⑯ 陈振孙《直斋书录解题》四。

⑰ 见《朱子语类》七十八。

《诗经》第四

太师们保存下这些唱本儿,带着乐谱;唱词儿共有三百多篇,当时通称做"《诗》三百"。到了战国时代,贵族渐渐衰落,平民渐渐抬头,新乐代替了古乐,职业的乐工纷纷散走。乐谱就此亡失,但是还有三百来篇唱词儿流传下来,便是后来的《诗经》了。

到孔子时代,赋诗的事已经不行了,孔子却采取了断章取义的办法,用《诗》来讨论做学问做人的道理。

孔子以后,"《诗》三百"成为儒家的"六经"之一。

> 诗的源头是歌谣。

诗的源头是歌谣。上古时候,没有文字,只有唱的歌谣,没有写的诗。一个人高兴的时候或悲哀的时候,常愿意将自己的心情诉说出来,给别人或自己听。日常的言语不够劲儿,便用歌唱;一唱三叹的叫别人回肠荡气。唱叹再不够的话,便手也舞起来了,脚也蹈起来了,反正要将劲儿使到了家。碰到节日,大家聚在一起酬神作乐,唱歌的机会更多。或一唱众和,或彼此竞胜。传说葛天氏的乐八章,三个人唱,拿着牛尾,踏着脚①,似乎就是描写这种光景的。

> 歌谣越唱越多,虽没有书,却存在人的记忆里。

歌谣越唱越多,虽没有书,却存在人的记忆里。有了现成的歌儿,就可借他人酒杯,浇自己块垒;随时拣一支合式的唱唱,也足可消愁解闷。若没有完全合式的,尽可删一些改一些,到称意为止。流行的歌谣中往往不同的词句并行不悖,就是为此。可也有经过众人修饰,成为定本的。歌谣真可说是"一人的机锋,多人的智慧"了②。

歌谣可分为徒歌和乐歌。徒歌是随口唱,乐歌是随着乐器唱。徒歌也有节奏,手舞脚蹈便是帮助节奏的;可是乐歌的节奏更规律化些。乐器在中国似乎早就有了,《礼记》里说的土鼓、土槌儿、芦管儿③,也许是我们乐器的老祖宗。到了《诗经》时代,有了琴瑟钟鼓,已是洋洋大观了。歌谣的节奏最主要的靠重叠或叫复沓;本来歌谣以表情为主,只要翻来覆去将情表到了家就成,用不着费话。重叠可以说原是歌谣的生命,节奏也便建立在这上头。字数的均齐,韵脚的调协,似乎是后来发展出来的。有了这些,重叠才在诗歌里失去主要的地位。

　　有了文字以后,才有人将那些歌谣纪录下来,便是最初的写的诗了。但纪录的人似乎并不是因为欣赏的缘故,更不是因为研究的缘故。他们大概是些乐工,乐工的职务是奏乐和唱歌;唱歌得有词儿,一面是口头传授,一面也就有了唱本儿。歌谣便是这么写下来的。我们知道春秋时的乐工就和后世阔人家的戏班子一样,老板叫做太师。那时各国都养着一班乐工,各国使臣来往,宴会时都得奏乐唱歌。太师们不但得搜集本国乐歌,还得搜集别国乐歌。不但搜集乐词,还得搜集乐谱。那时的社会有贵族与平民两级。太师们是伺候贵族的,所搜集的歌儿自然得合贵族们的口味;平民的作品是不会入选的。他们搜得的歌谣,有些是乐歌,有些是徒歌。徒歌得合乐才好用。合乐的时候,往往得增加重叠的字句或章节,便不能保存歌词的原来样子。除了这种搜集的歌谣以外,太师们所保存的还有贵族们为了特种事情,如祭祖、宴客、房屋落成、出兵、打猎等等作的诗。这些可以说是典礼的诗。又有讽谏、颂美等等的献诗;献诗是臣下作了献给君上,准备让乐工唱给君上听的,可以说是政治的诗。太师们保存下这些唱本儿,带着乐谱;唱词儿共有三百多篇,当时通称做"《诗》三百"。到了战国时代,贵族渐渐衰落,平民渐渐抬头,新乐代替了古乐,职业的乐工纷纷散走。乐谱就此亡失,但是还有三百来篇唱词儿流传下来,便是后来的《诗经》了④。

>>> 清代佚名《孔子世家图册·退修诗书》

"诗言志"是一句古话;"诗"(䜥)这个字就是"言""志"。两个字合成的。但古代所谓"言志"和现在所谓"抒情"并不一样;那"志"总是关联着政治或教化的。春秋时通行赋诗。在外交的宴会里,各国使臣往往得点一篇诗或几篇诗叫乐工唱。这很像现在的请客点戏,不同处是所点的诗句必加上政治的意味。这可以表示这国对那国或这人对那人的愿望、感谢、责难等等,都从诗篇里断章取义。断章取义是不管上下文的意义,只将一章中一两句拉出来,就当前的环境,作政治的暗示。如《左传》襄公二十七年,郑伯宴晋使赵孟于垂陇,赵孟请大家赋诗,他想看看大家的"志"。子太叔赋的是《野有蔓草》。原诗首章云,"野有蔓草,零露漙兮,有美一人,清扬婉兮。邂逅相遇,适我愿兮。"子太叔只取末两句,借以表示郑国欢迎赵孟的意思;上文他就不管。全诗原是男女私情之作,他更不管了。可是这样办正是"诗言志";在那回宴会里,赵孟就和子太叔说了"诗以言志"这句话。

到孔子时代,赋诗的事已经不行了,孔子却采取了断章取义的办法,用《诗》来讨论做学问做人的道理。"如切如磋,如琢如磨"⑤,本来说的是治玉,将玉比人。他却用来教训学生做学问的工夫⑥。"巧笑倩兮,美目盼兮,素以为绚兮"⑦,本来说的是美人,所谓天生丽质。他却拉出末句来比方作画,说先有白底子,才会有画,是一步步进展的;作画还是比方,他说的是文化,人先是朴野的,后来才进展了文化——文化必须修养而得,并不是与生俱来的⑧。他如此解诗,所以说"思无邪"一句话可以包括《诗》三百"的道理⑨;又说诗可以鼓舞人,联合人,增加阅历,发泄牢骚,事父事君的道理都在里面⑩。孔子以后,《诗》三百成为儒家的"六经"之一,《庄子》和《荀子》里都说到"诗言志",那个"志"便指教化而言。

"诗言志"是一句古话。

>>> 《诗经·国风·豳风》诗意画

但春秋时列国的赋诗只是用诗,并非解诗;那时诗的主要作用还在乐歌,因乐歌而加以借用,不过是一种方便罢了。至于诗篇本来的意义,那时原很明白,用不着讨论。到了孔子时代,诗已经不常歌唱了,诗篇本来的意义,经过了多年的借用,也渐渐含糊了。他就按着借用的办法,根据他教授学生的需要,断章取义地来解释那些诗篇。后来解释《诗经》的儒生都跟着他的脚步走。最有权威的毛氏《诗传》和郑玄《诗笺》差不多全是断章取义,甚至断句取义——断句取义是在一句两句里拉出一个两个字来发挥,比起断章取义,真是变本加厉了。

毛氏有两个人:一个毛亨,汉时鲁国人,人称为大毛公;一个毛苌,赵国人,人称为小毛公。是大毛公创始《诗经》的注解,传给小毛公,在小毛公手里完成的。郑玄是东汉人,他是专给《毛传》作《笺》的,有时也采取别家的解说;不过别家的解说在原则上也还和毛氏一鼻孔出气,他们都是以史证诗。他们接受了孔子"无邪"的见解,又摘取了孟子的"知人论世"⑪的见解,以为用孔子的诗的哲学,别裁古代的史说,拿来证明那些诗篇是什么时代作的,为什么事作的,便是孟子所谓"以意逆志"⑫。其实孟子所谓"以意逆志"倒是说要看全篇大意,不可拘泥在字句上,与他们不同。他们这样猜出来的作诗人的志,自然不会与作诗人相合;但那种志倒是关联着政治教化而与"诗言志"一语相合的。这样的以史证诗的思想,最先具体地表现在《诗序》里。

《诗序》有《大序》《小序》。《大序》好像总论,托名子夏,说不定是谁作的。《小序》每篇一条,大约是大小毛公作的。以史证诗,似乎是《小序》的专门任务;传里虽也偶然提及,却总以训诂为主,不过所选取的字义,意在助成序说,无形中有个一定方向罢了。可是

《小序》也还是泛说的多,确指的少。到了郑玄,才更详密地发展了这个条理。他按着《诗经》中的国别和篇次,系统地附合史料,编成了《诗谱》,差不多给每篇诗确定了时代;《笺》中也更多地发挥了作为各篇诗的背景的历史。以史证诗,在他手里算是集大成了。

《大序》说明诗的教化作用;这种作用似乎建立在风、雅、颂、赋、比、兴,所谓"六义"上。《大序》只解释了风、雅、颂。说风是风化(感化)、讽刺的意思,雅是正的意思,颂是形容盛德的意思。这都是按着教化作用解释的。照近人的研究,这三个字大概都从音乐得名。风是各地方的乐调,《国风》便是各国土乐的意思。雅就是"乌"字,似乎是描写这种乐的呜呜之声。雅也就是"夏"字,古代乐章叫做"夏"的很多,也许原是地名或族名。雅又分《大雅》、《小雅》,大约也是乐调不同的缘故。颂就是"容"字,容就是"样子";这种乐连歌带舞,舞就有种种样子了。风、雅、颂之外,其实还该有个"南"。南是南音或南调,《诗经》中《周南》《召南》的诗,原是相当于现在河南、湖北一带地方的歌谣。《国风》旧有十五,分出二南,还剩十三;而其中邶、鄘两国的诗,现经考定,都是卫诗,那么只有十一《国风》⑬了。颂有《周颂》、《鲁颂》、《商颂》,《商颂》经考定实是《宋颂》。至于搜集的歌谣,大概是在二南、《国风》和《小雅》里。

赋、比、兴的意义,说数最多。大约这三个名字原都含有政治和教化的意味。赋本是唱诗给人听,但在《大序》里,也许是"直铺陈今之政教善恶"⑭的意思。比、兴都是《大序》所谓"主文而谲谏";不直陈而用譬喻叫"主文",委婉讽刺叫"谲谏"。说的人无罪;听的人却可警诫自己。《诗经》里许多譬喻就在比、兴的看法下,断章断句地硬派作政教的意义了。比、兴都是政教的譬喻,但在诗篇发端的叫做兴。《毛传》只在有兴的地方标出,不标赋、比;想来赋义是易见的,比、兴虽都是曲折成义,但兴在发端,往往关系全诗,比较更重要些,所以便特别标出了。《毛传》标出的兴诗,共一百十六篇,《国风》中最多,《小雅》第二;按现在说,这两部分搜集的歌谣多,所以譬喻的句子也便多了。

《毛传》标出的兴诗,共一百十六篇,《国风》中最多,《小雅》第二。

参考资料:

顾颉刚,《诗经在春秋战国间的地位》(《古史辨》第三册下)。

顾颉刚,《论诗经所录全为乐歌》(同上)。

朱自清,《言志说》(《语言与文学》)。

朱自清,《赋比兴说》(《清华学报》十二卷三期)

(《言志说》《赋比兴说》两文今见朱自清《诗言志辨》一书。编者按)。

注释:

① 《吕氏春秋·古乐篇》。

② 英美吉特生《英国民歌论说》。译文据周作人《自己的园地·歌谣章》。

③ "土鼓""土槌儿"(蒉桴)见《礼运》和《明堂位》,"芦管儿"(苇籥)见《明堂位》。

④ 今《诗经》共三百十一篇,其中六篇有目无诗,实存三百零五篇。

⑤ 《卫风·淇澳》的句子。

⑥ 《论语·学而》。

⑦ "巧笑倩兮,美目盼兮。"《卫风·硕人》的句子;"素以为绚兮"一句今已佚。

⑧ 《论语·八佾》。

⑨ "思无邪",《鲁颂·駉》的句子;"思"是语词,无义。

⑩《论语·阳货》。

⑪ 见《孟子·万章》。

⑫ 同上。

⑬ 卫、王、郑、齐、魏、唐、秦、陈、桧、曹、豳。

⑭《周礼·大师》郑玄注。

《三礼》第五

"记"是儒家杂述礼制、礼制变迁的历史,或礼论之作;所述的礼制有实施的,也有理想的。又叫做《礼记》:这《礼记》是一个广泛的名称。这些"记"里包含着《礼古经》的一部分。汉代所见的"记"很多,但流传到现在的只有三十八篇《大戴记》和四十九篇《小戴记》。后世所称《礼记》,多半专指《小戴记》说。大戴是戴德;小戴是戴圣,戴德的侄儿。相传他们是这两部书的编辑人。但二戴都是西汉的《仪礼》专家。汉代有《五经》博士;凡是一家一派的经学影响大的,都可以立博士。大戴仪礼学后来立了博士,小戴本人就是博士。汉代经师的家法最严,一家的学说里绝不能掺杂别家。但现存的两部"记"里都各掺杂着非二戴的学说。所以有人说这两部书是别人假托二戴的名字纂辑的;至少是二戴原书多半亡佚,由别人拉杂凑成的——可是成书也还在汉代。——这两部书里,《小戴记》容易些,后世诵习的人比较多些;所以差不多专占了《礼记》的名字。

许多人家的中堂里，供奉着"天地君亲师"的大牌位。天地代表生命的本源。亲是祖先的意思，祖先是家族的本源。君师是政教的本源。人情不能忘本，所以供奉着这些。荀子只称这些为礼的三本①；大概是到了后世才宗教化了的。荀子是儒家大师。儒家所称道的礼，包括政治制度、宗教仪式、社会风俗习惯等，却都加以合理的说明。从那"二本说"，可以知道儒家有拿礼来包罗万象的野心，他们认礼为治乱的根本；这种思想可以叫做礼治主义。

怎样叫做礼治呢？儒家说初有人的时候，各人有各人的欲望，各人都要满足自己的欲望；没有界限，没有分际，大家就争起来了。你争我争，社会就乱起来了。那时的君师们看了这种情形，就渐渐给定出礼来，让大家按着贵贱的等级，长幼的次序，各人得着自己该得的一份儿吃的喝的穿的住的，各人也做着自己该做的一份儿工作。各等人有各等人的界限和分际；若是只顾自己，不管别人，任性儿贪多务得，偷懒图快活，这种人就得受严厉的制裁，有时候保不住性命。这种礼，教人节制，教人和平，建立起社会的秩序，可以说是政治制度。

《礼记》刻本

天生万物,是个很古的信仰。这个天是个能视能听的上帝,管生杀,管赏罚。在地上的代表,便是天子。天子祭天,和子孙祭祖先一样。地生万物是个事实。人都靠着地里长的活着,地里长的不够了,便闹饥荒;地的力量自然也引起了信仰。天子诸侯祭社稷,祭山川,都是这个来由。最普遍的还是祖先的信仰。直到我们的时代,这个信仰还是很有力的。按儒家说,这些信仰都是"报本返始"②的意思。报本返始是庆幸生命的延续,追念本源,感恩怀德,勉力去报答的意思。但是这里面怕不单是怀德,还是畏威的成分。感谢和恐惧产生了种种祭典。儒家却只从感恩一面加以说明,看做礼的一部分。但这种礼教人恭敬,恭敬便是畏威的遗迹了。儒家的丧礼,最主要的如三年之丧,也建立在感恩的意味上;却因恩谊的亲疏,又定出等等差别来。这种礼,大部分可以说是宗教仪式。

居丧一面是宗教仪式,一面是普通人事。普通人事包括一切日常生活而言。日常生活都需要秩序和规矩。居丧以外,如婚姻、宴会等大事,也各有一套程序,不能随便马虎过去;这样是表示郑重,也便是表示敬意和诚心。至于对人,事君,事父母,待兄弟姊妹,待子女,以及夫妇朋友之间,也都自有一番道理。按着尊卑的分际,各守各的道理,君仁臣忠,父慈子孝,兄友弟恭,夫妇朋友互相敬爱,才算能做人;人人能做人,天下便治了。就是一个人饮食言动,也都该有个规矩,别叫旁人难过,更别侵犯着旁人,反正诸事都记得着自己的份儿。这些个规矩也是礼的一部分;有些固然含着宗教意味,但大部分可以说是风俗习惯。这些风俗习惯有一些也可以说是生活的艺术。

王道不外乎人情,礼是王道的一部分,按儒家说是通乎人情的。③既通乎人情,自然该诚而不伪了。但儒家所称道的礼,并不全是实际施行的。有许多只是他们的理想,这种就不一定通乎人情了。就按那些实际施行的说,每一个制度、仪式或规矩,固然都有它的需要和意义。但是社会情形变了,人的生活跟着变;人的喜怒爱恶虽然还是喜怒爱恶,可是对象变了。那些礼的惰性却很大,并不跟着变。这就留下了许许多多遗形物,没有了需要,没有了意义;不近人情的伪礼,只会束缚人。《老子》里攻击礼,说"有了礼,忠信就差了"④;后世有些人攻击礼,说"礼不是为我们定的"⑤,近来大家攻击礼教,说"礼教是吃人的"。这都是指着那些个伪礼说的。

　　从来礼乐并称,但乐实在是礼的一部分;乐附属于礼,用来补助仪文的不足。乐包括歌和舞,是"人情之所必不免"的。⑥不但是"人情之所必不免",而且乐声的绵延和融和也象征着天地万物的"流而不息,合同而化"⑦。这便是乐本。乐教人平心静气,互相和爱,教人联合起来,成为一整个儿。人人能够平心静气,互相和爱,自然没有贪欲、捣乱、欺诈等事,天下就治了。乐有改善人心、移风易俗的功用,所以与政治是相通的。按儒家说,礼乐刑政,到头来只是一个道理;这四件都顺理成章了,便是王道。这四件是互为因果的。礼坏乐崩,政治一定不成;所以审乐可以知政⑧。"治世之音安以乐,其政和;乱世之音怨以怒,其政乖;亡国之音哀以思,其民困。"⑨吴公子季札到鲁国观乐,乐工奏哪一国的乐,他就知道是哪一国的;他是从乐歌里所表现的政治气象而知道的⑩。歌词就是诗;诗与礼乐也是分不开的。孔子教学生要"兴于诗,立于礼,成于乐"⑪;那时要养成一个人才,必需学习这些。这些诗、礼、乐,在那时代都是贵族社会所专有,与平民是无干的。到了战国,新声兴起,古乐衰废,听者只求悦耳,就无所谓这一套乐意。汉以来胡乐大行,那就更说不到了。

那些礼的惰性却很大,并不跟着变。

乐教人平心静气,互相和爱,教人联合起来,成为一整个儿。

这些诗、礼、乐,在那时代都是贵族社会所专有,与平民是无干的。

>>> 荀子塑像

古代似乎没有关于乐的经典；只有《礼记》里的《乐记》，是抄录儒家的《公孙尼子》等书而成，原本已经是战国时代的东西了。关于礼，汉代学者所传习的有三种经和无数的"记"。那三种经是《仪礼》《礼古经》《周礼》。《礼古经》已亡佚，《仪礼》和《周礼》相传都是周公作的。但据近来的研究，这两部书实在是战国时代的产物。《仪礼》大约是当时实施的礼制，但多半只是士的礼。那些礼是很烦琐的，踵事增华的多，表示诚意的少，已经不全是通乎人情的了。《仪礼》可以说是宗教仪式和风俗习惯的混合物；《周礼》却是一套理想的政治制度。那些制度的背景可以看出是战国时代；但组成了整齐的系统，便是著书人的理想了。

"记"是儒家杂述礼制、礼制变迁的历史，或礼论之作；所述的礼制有实施的，也有理想的。又叫做《礼记》：这《礼记》是一个广泛的名称。这些"记"里包含着《礼古经》的一部分。汉代所见的"记"很多，但流传到现在的只有三十八篇《大戴记》和四十九篇《小戴记》。后世所称《礼记》，多半专指《小戴记》说。大戴是戴德；小戴是戴圣，戴德的侄儿。相传他们是这两部书的编辑人。但二戴都是西汉的《仪礼》专家。汉代有"五经"博士；凡是一家一派的经学影响大的，都可以立博士。大戴仪礼学后来立了博士，小戴本人就是博士。汉代经师的家法最严，一家的学说里绝不能掺杂别家。但现存的两部"记"里都各掺杂着非二戴的学说。所以有人说这两部书是别人假托二戴的名字纂辑的；至少是二戴原书多半亡佚，由别人拉杂凑成的——可是成书也还在汉代。——这两部书里，《小戴记》容易些，后世诵习的人比较多些；所以差不多专占了《礼记》的名字。

参考资料：

洪业，《礼记引得序》《仪礼引得序》。

注释：

① 《礼论篇》。
② 《礼记·郊特牲》。
③ 《礼记·乐记》。
④ 《老子》三十八章。
⑤ 阮籍语，原文见《世说新语·任诞》。
⑥ 《荀子·乐论篇》《礼记·乐记》。
⑦ 《礼记·乐记》。
⑧ 同上。
⑨ 同上。
⑩ 《左传》襄公二十九年。
⑪ 《论语·泰伯》。

《春秋》三传第六（国语附）

"春秋"是古代记事史书的通称。古代朝廷大事，多在春秋二季举行，所以记事的书用这个名字。各国有各国的《春秋》，但是后世都不传了。传下的只有一部《鲁春秋》，《春秋》成了它的专名，便是《春秋经》了。传说这部《春秋》是孔子作的，至少是他编的。

孔子是第一个开门授徒，拿经典教给平民的人，《鲁春秋》也该是他的一种科目。关于劝惩的所在，他大约有许多口义传给弟子们。他死后，弟子们散在四方，就所能记忆的又教授开去。《左传》、《公羊传》、《谷梁传》，所谓《春秋三传》里，所引孔子解释和评论的话，大概就是指的这一些。

> "春秋"是古代记事史书的通称。

"春秋"是古代记事史书的通称。古代朝廷大事，多在春秋二季举行，所以记事的书用这个名字。各国有各国的《春秋》，但是后世都不传了。传下的只有一部《鲁春秋》，《春秋》成了它的专名，便是《春秋经》了。传说这部《春秋》是孔子作的，至少是他编的。鲁哀公十四年，鲁西有猎户打着一只从没有见过的独角怪兽，想着定是个不祥的东西，将它扔了。这个新闻传到了孔子那里，他便去看。他一看，就说，"这是麟啊，为谁来的呢！干什么来的呢！唉唉！我的道不行了！"说着流下泪来，赶忙将袖子去擦，泪点儿却已滴到衣襟上。原来麟是个仁兽，是个祥瑞的东西，圣帝明王在位，天下太平，它才会来，不然是不会来的。可是那时代哪有圣帝明王？天下正乱纷纷的，麟来的真不是时候，所以让猎户打死；它算是倒了运了。

> 他发愿修一部《春秋》。

孔子这时已经年老，也常常觉着生的不是时候，不能行道；他为周朝伤心，也为自己伤心。看了这只死麟，一面同情它，一面也引起自己的无限感慨。他觉着生平说了许多教；当世的人君总不信他，可见空话不能打动人。他发愿修一部《春秋》，要让人从具体的事例里，得到善恶的教训，他相信这样得来的教训比抽象的议论深切著明得多。他觉得修成了这部《春秋》，虽然不能行道，也算不白活一辈子。这便动起手来，九个月书就成功了。书起于鲁隐公，终于获麟；因获麟有感而作，所以叙到获麟绝笔，是纪念的意思。但是《左传》里所载的《春秋经》，获麟后还有，而且在记了"孔子卒"的哀公十六年后还有；据说那却是他的弟子们续修的了。

这个故事虽然够感伤的，但我们从种种方面知道，它却不是真的。《春秋》只是鲁国史官的旧文，孔子不曾掺进手去。《春秋》可是一部信史，里面所记的鲁国日食，有三十次和西方科学家所推算的相合，这绝不是偶然的。不过书中残阙、零乱和后人增改的地方，都很不少。书起于隐西元年，到哀公十四年止，共二百四十二年（西元前722—前481年）；后世称这二百四十二年为春秋时代。书中纪事按年月日，这叫做编年。编年在史学上是个大发明；这教历史系统化，并增加了它的确实性。《春秋》是我国现存的第一部编年史。书中虽用鲁国纪元，所记的却是各国的事，所以也是我们第一部通史。所记的齐桓公、晋文公的霸迹最多；后来说"尊王攘夷"是《春秋》大义，便是从这里着眼。

古代史官记事，有两种目的：一是征实，二是劝惩。像晋国董狐不怕权势，记"赵盾弑其君"①，齐国太史记"崔杼弑其君"②，虽杀身不悔，都为的是征实和惩恶，作后世的鉴戒。但是史文简略，劝惩的意思有时不容易看出来，因此便需要解说的人。《国语》记楚国申叔时论教太子的科目，有"春秋"一项，说"春秋"有奖善惩恶的作用，可以戒劝太子的心。孔子是第一个开门授徒，拿经典教给平民的人，《鲁春秋》也该是他的一种科目。关于劝惩的所在，他大约有许多口义传给弟子们。他死后，弟子们散在四方，就所能记忆的又教授开去。《左传》《公羊传》《谷梁传》，所谓《春秋三传》里，所引孔子解释和评论的话，大概就是拣的这一些。

> 三传特别注重《春秋》的劝惩作用。

三传特别注重《春秋》的劝惩作用；征实与否，倒在其次。按三传的看法，《春秋》大义可以从两方面说：明辨是非，分别善恶，提倡德义，从成败里见教训，这是一；夸扬霸业，推尊周室，亲爱中国，排斥夷狄，实现民族大一统的理想，这是二。前者是人君的明鉴，后者是拨乱反正的程序。这都是王道。而敬天事鬼，也包括在王道里。《春秋》里记灾，表示天罚，记鬼，表示恩仇，也还是劝惩的意思。古代记事的书常夹杂着好多的迷信和理想，《春秋》也不免如此；三传的看法，大体上是对的。但在解释经文的时候，却往往一个字一个字地咬嚼；这一咬嚼，便不顾上下文穿凿傅会起来了。《公羊》《谷梁》，尤其如此。

这样咬嚼出来的意义就是所谓"书法"，所谓"褒贬"，也就是所谓"微言"。后世最看重这个。他们说孔子修《春秋》，"笔则笔，削则削"③，"笔"是书，"削"不是书，都有大道理在内。又说一字之褒，比教你做王公还荣耀，一字之贬，比将你做罪人杀了还耻辱。本来孟子说过，"孔子成《春秋》而乱臣贼子惧"④，那似乎只指概括的劝惩作用而言。等到褒贬说发展，孟子这句话倒像更坐实了。而孔子和《春秋》的权威也就更大了。后世史家推尊孔子，也推尊《春秋》，承认这种书法是天经地义；但实际上他们却并不照三传所咬嚼出来的那么穿凿附会地办。这正和后世诗人尽管推尊《毛诗》

> 三传，特别是《公羊传》和《谷梁传》，和《毛诗》《传》、《笺》，在穿凿解经这件事上是一致的。

《传》《笺》里比兴的解释，实际上却不那样穿凿附会的作诗一样。三传，特别是《公羊传》和《谷梁传》，和《毛诗》《传》、《笺》，在穿凿解经这件事上是一致的。

三传之中，公羊、谷梁两家全以解经为主，左氏却以叙事为主。

公、谷以解经为主，所以咬嚼得更厉害些。战国末期，专门解释《春秋》的有许多家，公、谷较晚出而仅存。这两家固然有许多彼此相异之处，但渊源似乎是相同的；他们所引别家的解说也有些是一样的。这两种《春秋经传》经过秦火，多有残阙的地方；到汉景帝、武帝时候，才有经师重加整理，传授给人。公羊、谷梁只是家派的名称，仅存姓氏，名字已不可知。至于他们解经的宗旨，已见上文；《春秋》本是儒家传授的经典，解说的人，自然也离不了儒家，在这一点上，三传是大同小异的。

《左传》这部书，汉代传为鲁国左丘明所作。这个左丘明，有的说是"鲁君子"，有的说是孔子的朋友；后世又有说是鲁国的史官的。⑤这部书历来讨论的最多。汉时有"五经"博士。凡解说"五经"自成一家之学的，都可立为博士。立了博士，便是官学；那派经师便可做官受禄。当时《春秋》立了《公》、《谷》二传的博士。《左传》流传得晚些，古文派经师也给它争立博士。今文派却说这部书不得孔子《春秋》的真传，不如公谷两家。后来虽一度立了博士，可是不久还是废了。倒是民间传习的渐多，终于大行！原来公谷不免空谈，《左传》却是一部仅存的古代编年通史（残缺又少），用处自然大得多。《左传》以外，还有一部分国记载的《国语》，汉代也认为左丘明所作，称为《春秋外传》。后世学者怀疑这一说的很多。据近人的研究，《国语》重在"语"，记事颇简略，大约出于另一著者的手，而为《左传》著者的重要史料之一。这书的说教，也不外尚德、尊天、敬神、爱民，和《左传》是很相近的，只不知著者是谁。其实《左传》著者我们也不知道。说是左丘明，但矛盾太多，不能教人相信。《左传》成书的时代大概在战国，比《公》《谷》二传早些。

>>> 左丘明之墓

《左传》这部书大体依《春秋》而作；参考群籍，详述史事，征引孔子和别的"君子"解经评史的言论，吟味书法，自成一家言。但迷信卜筮，所记祸福的预言，几乎无不应验；这却大大违背了征实的精神，而和儒家的宗旨也不合了。晋范宁作《谷梁传序》说，"左氏艳而富，其失也巫"；"艳"是文章美，"富"是材料多，"巫"是多叙鬼神，预言祸福。这是句公平话。注《左传》的，汉代就不少，但那些许多已散失，现存的只有晋杜预注，算是最古了。

杜预作《春秋序》，论到《左传》，说"其文缓，其旨远"；"缓"是委婉，"远"是含蓄。这不但是好史笔，也是好文笔。所以《左传》不但是史学的权威，也是文学的权威。《左传》的文学本领，表现在记述辞令和描写战争上。春秋列国，盟会颇繁，使臣会说话不会说话，不但关系荣辱，并且关系利害，出入很大，所以极重辞令。《左传》所记当时君臣的话，从容委曲，意味深长。只是平心静气地说，紧要关头却不放松一步；真所谓恰到好处。这固然是当时风气如此，但不经《左传》著者的润饰工夫，也绝不会那样在纸上活跃的。战争是个复杂的程序，叙得头头是道，已经不易，叙得有声有色，更难；这差不多全靠忙中有闲，透着优游不迫神儿，才成。这却正是《左传》著者所擅长的。

参考资料：
洪业，《春秋传引得序》。

注释：
①《左传·宣公二年》。
②《左传·襄公二十五年》。

③《史记·孔子世家》。

④《孟子·滕文公》下。

⑤《史记·十二诸侯年表序》说是"鲁君子",《汉书·刘歆传》说"亲见夫子","好恶与圣人同",杜预《春秋序》说是"身为国史"。

《四书》第七

《五经》是《易》、《书》、《诗》、《礼》、《春秋》；《四书》按照普通的顺序是《大学》、《中庸》、《论语》、《孟子》，前二者又简称《学》、《庸》，后二者又简称《论》、《孟》；有了简称，可见这些书是用得很熟的。本来呢，从前私塾里，学生入学，是从《四书》读起的。这是那些时代的小学教科书；而且是统一的标准的小学教科书，因为没有不用的。那时先生个讲解，只让学生背诵，不但得背正文，而且得背朱熹的小注。只要囫囵吞枣的念，囫囵吞枣的背；不懂不要紧，将来用得着，自然会懂的。怎么说将来用得着？那些时候行科举制度。科举是一种竞争的考试制度，考试的主要科目是八股文，题目都出在《四书》里，而且是朱注的《四书》里。

"《四书》《五经》"到现在还是我们口头上一句熟语。《五经》是《易》《书》《诗》《礼》《春秋》;《四书》按照普通的顺序是《大学》《中庸》《论语》《孟子》,前二者又简称《学》、《庸》,后二者又简称《论》《孟》;有了简称,可见这些书是用得很熟的。本来呢,从前私塾里,学生入学,是从《四书》读起的。这是那些时代的小学教科书,而且是统一的标准的小学教科书,因为没有不用的。那时先生不讲解,只让学生背诵,不但得背正文,而且得背朱熹的小注。只要囫囵吞枣地念,囫囵吞枣地背;不懂不要紧,将来用得着,自然会懂的。怎么说将来用得着?那些时候行科举制度。科举是一种竞争的考试制度,考试的主要科目是八股文,题目都出在《四书》里,而且是朱注的《四书》里。科举分几级,考中的得着种种出身或资格,凭着这种资格可以建功立业,也可以升官发财;作好作歹,都得先弄个资格到手。科举几乎是当时读书人唯一的出路。每个学生都先读《四书》,而且读的是朱注,便是这个缘故。

>>> "二程"塑像

将朱注《四书》定为科举用书，是从元仁宗皇庆二年（西元1313年）起的。规定这四种书，自然因为这些书本身重要，有人人必读的价值；规定朱注，也因为朱注发明书义比旧注好些，切用些。这四种书原来并不在一起，《学》《庸》都在《礼记》里，《论》《孟》是单行的。这些书原来只算是诸子书，朱子原来也只称为"四子"；但《礼记》《论》《孟》在汉代都立过博士，已经都升到经里去了。后来唐代的"九经"里虽然只有《礼记》，宋代的"十三经"却又将《论》《孟》收了进去。①《中庸》很早就被人单独注意，汉代已有关于《中庸》的著作，六朝时也有，可惜都不传了②。关于《大学》的著作却直到司马光的《大学通义》才开始，这部书也不传了。这些著作并不曾教《学》《庸》普及，教《学》《庸》和《论》《孟》同样普及的是朱子的注，《四书》也是他编在一起的，《四书》的名字也因他而有。

> 这些书原来只算是诸子书，朱子原来也只称为"四子"；但《礼记》《论》《孟》在汉代都立过博士，已经都升到经里去了。

但最初用力提倡这几种书的是程颢、程颐兄弟。他们说："《大学》是孔门的遗书，是初学者入德的门径。只有从这部书里，还可以知道古人做学问的程序。从《论》《孟》里虽也可看出一些，但不如这部书的分明易晓。学者必须从这部书入手，才不会走错了路。"③这里没提到《中庸》。可是他们是很推尊《中庸》的。他们在另一处说："'不偏'叫做'中'，'不易'叫做'庸'；'中'是天下的正道，'庸'是天下的定理。《中庸》是孔门传授心法的书，是子思记下来传给孟子的。书中所述的人生哲理，意味深长；会读书的细加玩赏，自然能心领神悟终身受用不尽。"④这四种书到了朱子手里才打成一片。他接受二程的见解，加以系统的说明，四种书便贯串起来了。

> 最初用力提倡这几种书的是程颢、程颐兄弟。

他说，古来有小学大学。小学里教洒扫进退的规矩，和礼、乐、射、御、书、数,所谓"六艺"的。大学里教穷理、正心、修己、治人的道理。所教的都切于民生日用,都是实学。《大学》这部书便是古来大学里教学生的方法,规模大,节目详;而所谓"格物、致知、诚意、正心、修身、齐家、治国、平天下",是循序渐进的。程子说是"初学者入德的门径",就是为此。这部书里的道理,并不是为一时一事说的,是为天下后世说的。这是"垂世立教的大典"⑤,所以程子举为初学者的第一部书。《论》《孟》虽然也切实,却是"应机接物的微言"⑥,问的不是一个人,记的也不是一个人。浅深先后,次序既不分明,抑扬可否,用意也不一样,初学者领会较难。所以程子放在第二步。至于《中庸》,是孔门的心法,初学者领会更难,程子所以另论。

但朱子的意思,有了《大学》的提纲挈领,便能领会《论》《孟》里精微的分别去处;融贯了《论》《孟》的旨趣,也便能领会《中庸》里的心法。人有人心和道心;人心是私欲,道心是天理。人该修养道心,克制人心,这是心法。朱子的意思,不领会《中庸》里的心法,是不能从大处着眼,读天下的书,论天下的事的。他所以将《中庸》放在第三步,和《大学》《论》《孟》合为《四书》,作为初学者的基础教本。后来规定《四书》为科举用书,原也根据这番意思。不过朱子教人读《四书》,为的成人,后来人读《四书》,却重在猎取功名;这是不合于他提倡的本心的。至于顺序变为《学》、《庸》《论》《孟》,那是书贾因为《学》《庸》篇页不多,合为一本的缘故;通行既久,居然约定俗成了。

《礼记》里的《大学》,本是一篇东西,朱子给分成经一章,传十章;传是解释经的。因为要使传合经,他又颠倒了原文的次序,并补上一段儿。他注《中庸》时,虽没有这样大的改变,可是所分的章

朱子的意思,有了《大学》的提纲挈领,便能领会《论》《孟》里精微的分别去处;融贯了《论》《孟》的旨趣,也便能领会《中庸》里的心法。

节,也与郑玄注的不同。所以这两部书的注,称为《大学章句》《中庸章句》。《论》《孟》的注,却是融合各家而成,所以称为《论语集注》《孟子集注》。《大学》的经一章,朱子想着是曾子追述孔子的话;传十章,他相信是曾子的意思,由弟子们记下的。《中庸》的著者,朱子和程子一样,都接受《史记》的记载,认为是子思。⑦但关于书名的解释,他修正了一些。他说,"中"除"不偏"外,还有"无过无不及"的意思;"庸"解作"不易",不如解作"平常"的好。⑧照近人的研究,《大学》的思想和文字,很有和荀子相同的地方,大概是荀子学派的著作。《中庸》,首尾和中段思想不一贯,从前就有人疑心。照近来的看法,这部书的中段也许是子思原著的一部分,发扬孔子的学说,如"时中""忠恕""知仁勇""五伦"等。首尾呢,怕是另一关于《中庸》的著作,经后人混合起来的;这里发扬的是孟子的天人相通的哲理,所谓"至诚""尽性",都是的。著者大约是一个孟子学派。

《论语》是孔子弟子们记的。这部书不但显示一个伟大的人格——孔子,并且让读者学习许多做学问做人的节目:如"君子""仁""忠恕",如"时习""阙疑""好古""隅反""择善""困学"等,都是可以终身应用的。《孟子》据说是孟子本人和弟子公孙丑、万章等共同编定的。书中说"仁"兼说"义",分辨"义""利"甚严;而辩"性善",教人求"放心",影响更大。又说到"养浩然之气",那"至大至刚""配义与道"的"浩然之气"⑨,这是修养的最高境界,所谓天人相通的哲理。书中攻击杨朱、墨翟两派,辞锋咄咄逼人。这在儒家叫做攻异端,功劳是很大的。孟子生在战国时代,他不免"好辩",他自己也觉得的⑩;他的话流露着"英气","有圭角",和孔子的温润是不同的。所以儒家只称为"亚圣",次于孔

《大学》的思想和文字,很有和荀子相同的地方,大概是荀子学派的著作。

《论语》是孔子弟子们记的。

子一等。⑪《孟子》有东汉的赵岐注。《论语》有孔安国、马融、郑玄诸家注,却都已残佚,只零星地见于魏何晏的《集解》里。汉儒注经,多以训诂名物为重,但《论》《孟》词意显明,所以只解释文句,推阐义理而止。魏晋以来,玄谈大盛,孔子已经道家化;解《论语》的也多参入玄谈,参入当时的道家哲学。这些后来却都不流行了。到了朱子,给《论》《孟》作注,虽说融会各家,其实也用他自己的哲学作架子。他注《学》《庸》,更显然如此。他的哲学切于世用,所以一般人接受了,将他解释的孔子当做真的孔子。

他那一套《四书》注实在用尽了平生的力量,改定至再至三;直到临死的时候,他还在改定《大学·诚意章》的注。注以外又作了《四书或问》,发扬注义,并论述对于旧说的或取或舍的理由。他在《四书》上这样下工夫,一面固然为了诱导初学者,一面还有一个用意,便是排斥老、佛,建立道统。他在《中庸章句序》里论到诸圣道统的传承,末尾自谦说,"于道统之传,不敢妄议";其实他是隐隐在以传道统自期呢。《中庸》传授心法,正是道统的根本。将它加在《大学》《论》《孟》之后而成《四书》,朱子自己虽然说是给初学者打基础,但一大半恐怕还是为了建立道统,不过他自己不好说出罢了。他注《四书》在宋孝宗淳熙年间(西元1174—1189年)。他死后朝廷将他的《四书》注审定为官书,从此盛行起来。他果然成了传儒家道统的大师了。

注释:

① 九经:《易》,《书》,《诗》,"三礼",《春秋》三传。十三经:《易》,《书》,《诗》,"三礼",《春秋》三传,《论语》,《孝经》,《尔雅》,《孟子》。

②《汉书·艺文志》有《中庸说》二篇,《隋书·经籍志》有戴颙《中庸

传》二卷,梁武帝《中庸讲疏》一卷。

③ 原文见《大学章句》卷头。

④ 原文见《中庸章句》卷头。

⑤ 同上。

⑥ 朱子《大学或问》卷一。

⑦ 《孔子世家》。

⑧ 《中庸或问》卷一。

⑨ 《公孙丑》。

⑩ 《滕文公》。

⑪ 《孟子集注·序》说引程子说。

《战国策》第八

记载那些说辞的书叫《战国策》,是汉代刘向编定的,书名也是他提议的。但在他以前,汉初著名的说客蒯通,大约已经加以整理和润饰,所以各篇如出一手。

这部书除文辞之胜外,所记的事,上接春秋时代,下至楚汉兴起为止,共二百零二年(西元前403—前202年),也是一部重要的古史。所谓战国时代,便指这里的二百零二年;而战国的名称也是刘向在这部书的序里定出的。

春秋末年，列国大臣的势力渐渐膨胀起来。

春秋末年，列国大臣的势力渐渐膨胀起来。这些大臣都是世袭的，他们一代一代聚财养众，明争暗夺了君主的权力，建立起自己的特殊地位。等到机会成熟，便跳起来打倒君主自己干。那时候各国差不多都起了内乱。晋国让韩魏赵三家分了，姓姜的齐国也让姓田的大夫占了。这些，周天子只得承认了。这是封建制度崩坏的开始。那时候周室也经过了内乱，土地大半让邻国抢去，剩下的又分为东西周；东西周各有君王，彼此还争争吵吵的。这两位君王早已失去春秋时代"共主"的地位，而和列国诸侯相等了。后来列国纷纷称王，周室更不算回事；他们至多能和宋、鲁等小国君主等量齐观罢了。

秦、楚、燕和新兴的韩、魏、赵、齐，是那时代的大国，称为"七雄"。

秦楚两国也经过内乱，可是站住了。它们本是边远的国家，却渐渐伸张势力到中原来。内乱平后，大加整顿，努力图强，声威便更广了。还有极北的燕国，向来和中原国家少来往；这时候也有力量向南参加国际政治了。秦、楚、燕和新兴的韩、魏、赵、齐，是那时代的大国，称为"七雄"。那些小国呢，从前可以仰仗霸主的保护，做大国的附庸；现在可不成了，只好让人家吞的吞，并的并。算只

085

留下宋、鲁等两三国,给七雄当缓冲地带。封建制度既然在崩坏中,七雄便各成一单位,各自争存,各自争强,国际政局比春秋时代紧张多了。战争也比从前严重多了。列国都在自己边界上修起长城来。这时候军器进步了;从前的兵器都用铜打成,现在有用铁打成的了。战术也进步了。攻守的方法都比从前精明;从前只用兵车和步卒,现在却发展了骑兵了。这时候还有以帮人家作战为职业的人。这时候的战争,杀伤是很多的。孟子说,"争地以战,杀人盈野;争城以战,杀人盈城。"①可见那凶惨的情形。后人因此称这时代为战国时代。

> 后人因此称这时代为战国时代。

在长期混乱之后,贵族有的做了国君,有的渐渐衰灭。这个阶级算是随着封建制度崩坏了。那时候的国君,没有了世袭的大臣,便集权专制起来。辅助他们的是一些出身贵贱不同的士人。那时候君主和大臣都竭力招揽有技能的人,甚至学鸡鸣学狗盗的也都收留着。这是所谓"好客""好士"的风气。其中最高的是说客,是游说之士。当时国际关系紧张,战争随时可起。战争到底是劳民伤财,况且难得有把握;重要的还是作外交的功夫。外交办得好,只凭口舌排难解纷,可以免去战祸;就是不得不战,也可以多找一些与国,一些帮手。担负这种外交的人,便是那些策士,那些游说之士。游说之士既然这般重要,所以立谈可以取卿相;只要有计谋,会辩说就成,出身的贵贱倒是不在乎的。

七雄中的秦,从孝公用商鞅变法以后,日渐强盛。到后来成了与六国对峙的局势。这时候的游说之士,有的劝六国联合起来抗秦,有的劝六国联合起来亲秦。前一派叫"合纵",是联合南北各国的意思,后一派叫"连横",是联合东西各国的意思——只有秦是西方的国家。合纵派的代表是苏秦,连横派的是张仪,他们可以代表

> 前一派叫"合纵",是联合南北各国的意思,后一派叫"连横",是联合东西各国的意思——只有秦是西方的国家。

所有的战国游说之士。后世提到游说的策士，总想到这两个人，提到纵横家，也总是想到这两个人。他们都是鬼谷先生的弟子。苏秦起初也是连横派。他游说秦惠王，秦惠王老不理他；穷得要死，只好回家。妻子，嫂嫂，父母，都瞧不起他。他恨极了，用心读书，用心揣摩；夜里倦了要睡，用锥子扎大腿，血流到脚上。这样整一年，他想着成了，便出来游说六国合纵。这回他果然成功了，佩了六国相印，又有势又有钱。打家里过的时候，父母郊迎三十里，妻子低头，嫂嫂趴在地下谢罪。他叹道："人生世上，势位富贵，真是少不得的！"张仪和楚相喝酒。楚相丢了一块璧。手下人说张仪穷而无行，一定是他偷的，绑起来打了几百下。张仪始终不认，只好放了他。回家，他妻子说："唉，要不是读书游说，那会受这场气！"他不理，只说："看我舌头还在罢？"妻子笑道："舌头是在的。"他说："那就成！"后来果然做了秦国的相；苏秦死后，他也大大得意了一番。

苏秦使锥子扎腿的时候，自己发狠道："哪有游说人主不能得金玉锦绣，不能取卿相之尊的道理！"这正是战国策士的心思。他们凭他们的智谋和辩才，给人家画策，办外交；谁用他们就帮谁。他们是职业的，所图的是自己的功名富贵；帮你的时候帮你，不帮的时候也许害你。翻覆，在他们看来是没有什么的。本来呢，当时七雄分立，没有共主，没有盟主，各干各的，谁胜谁得势。国际间没有是非，爱帮谁就帮谁，反正都一样。苏秦说连横不成，就改说合纵，在策士看来，这正是当然。张仪说舌头在就行，说是说非，只要会说，这也正是职业的态度。他们自己没有理想，没有主张，只求揣摩主上的心理，拐弯儿抹角投其所好。这需要技巧，《韩非子·说难篇》专论这个。说得好固然可以取"金玉锦绣"和"卿相之尊"，说得不好也会招杀身之祸，利害所关如此之大，苏秦费一整

> 他们是职业的，所图的是自己的功名富贵；帮你的时候帮你，不帮的时候也许害你。

> 这需要技巧，《韩非子·说难篇》专论这个。

年研究揣摩不算多。当时各国所重的是威势,策士所说原不外战争和诈谋;但要因人因地进言,广博的知识和微妙的机智都是不可少的。

记载那些说辞的书叫《战国策》,是汉代刘向编定的,书名也是他提议的。但在他以前,汉初著名的说客蒯通,大约已经加以整理和润饰,所以各篇如出一手。《汉书》本传里记着他"论战国时说士权变,亦自序其说,凡八十一篇,号曰《隽永》",大约就是刘向所根据的底本了。②蒯通那支笔是很有力量的。铺陈的伟丽,叱咤的雄豪,固然传达出来了;而那些曲折微妙的声口,也丝丝入扣,千载如生。读这部书,真是如闻其语,如见其人。汉以来批评这部书的都用儒家的眼光。刘向的序里说战国时代"捐礼让而贵战争,弃仁义而用诈谲,苟以取强而已矣",可以代表。但他又说这些是"高才秀士"的"奇策异智","亦可喜,皆可观"。这便是文辞的作用了。宋代有个李文叔,也说这部书所记载的事"浅陋不足道",但"人读之,则必乡其说之工,而忘其事之陋者,文辞之胜移之而已"。又道,说的还不算难,记的才真难得呢。③这部书除文辞之胜外,所记的事,上接春秋时代,下至楚汉兴起为止,共二百零二年(西元前403—前202年),也是一部重要的古史。所谓战国时代,便指这里的二百零二年;而战国的名称也是刘向在这部书的序里定出的。

参考资料:

雷海宗,《中国通史选读》第二册(清华大学讲义排印本)。

注释：

①《离娄》。

② 罗根泽《战国策作于蒯通考》及《补证》(《古史辨》第四册)。

③ 李格非《书战国策后》。

《史记》《汉书》第九

说起中国的史书，《史记》《汉书》，真是无人不知，无人不晓。这有两个原因。一则这两部书是最早的有系统的历史，再早虽然还有《尚书》《鲁春秋》《国语》《春秋左氏传》《战国策》等，但《尚书》《国语》《战国策》，都是记言的史，不是记事的史。

《史记》创了"纪传体"，叙事自黄帝以来到著者当世，就是汉武帝的时候，首尾三千多年。《汉书》采用了《史记》的体制，却以汉事为断，从高祖到王莽，只二百三十年。后来的史书全用《汉书》的体制，断代成书；二十四史里，《史记》《汉书》以外的二十二史都如此。这称为"正史"。《史记》《汉书》，可以说都是"正史"的源头。二则，这两部书都成了文学的古典；两书有许多相同处，虽然也有许多相异处。大概东汉、魏、晋到唐，喜欢《汉书》的多，唐以后喜欢《史记》的多，而明、清两代尤然。

但历来班、马并称，《史》《汉》连举，它们叙事写人的技术，毕竟是大同的。

> 说起中国的史书,《史记》《汉书》,真是无人不知,无人不晓。

> 《史记》创了"纪传体"。

> 后来的史书全用《汉书》的体制,断代成书。

说起中国的史书,《史记》《汉书》,真是无人不知,无人不晓。这有两个原因。一则这两部书是最早的有系统的历史,再早虽然还有《尚书》《鲁春秋》《国语》《春秋左氏传》《战国策》等,但《尚书》《国语》《战国策》,都是记言的史,不是记事的史。《春秋》和《左传》是记事的史了,可是《春秋》太简短,《左氏传》虽够铺排的,而跟着《春秋》编年的系统,所记的事还不免散碎。《史记》创了"纪传体",叙事自黄帝以来到著者当世,就是汉武帝的时候,首尾三千多年。《汉书》采用了《史记》的体制,却以汉事为断,从高祖到王莽,只二百三十年。后来的史书全用《汉书》的体制,断代成书;二十四史里,《史记》《汉书》以外的二十二史都如此。这称为"正史"。《史记》《汉书》,可以说都是"正史"的源头。二则,这两部书都成了文学的古典;两书有许多相同处,虽然也有许多相异处。大概东汉、魏、晋到唐,喜欢《汉书》的多,唐以后喜欢《史记》的多,而明、清两代尤然。这是两书文体各有所胜的缘故。但历来班、马并称,《史》《汉》连举,它们叙事写人的技术,毕竟是大同的。

>>> 司马迁之墓

《史记》,汉司马迁著。司马迁字子长,左冯翊夏阳(今陕西韩城)人(景帝中元五年,西元前145年生,卒年不详)。他是太史令司马谈的儿子。小时候在本乡只帮人家耕耕田放放牛玩儿。司马谈做了太史令,才将他带到京师(今西安)读书。他十岁的时候,便认识"古文"的书了。二十岁以后,到处游历,真是足迹遍天下。他东边到过现在的河北、山东及江、浙沿海,南边到过湖南、江西、云南、贵州,西边到过陕、甘、西康等处,北边到过长城等处;当时的"大汉帝国",除了朝鲜、河西(今宁夏一带)、岭南几个新开郡外,他都走到了。他的出游,相传是父亲命他搜求史料去的;但也有些处是因公去的。他搜得了多少写的史料,没有明文,不能知道。可是他却看到了好些古代的遗迹,听到了好些古代的轶闻;这些都是活史料,他用来印证并补充他所读的书。他作《史记》,叙述和描写往往特别亲切有味,便是为此。他的游历不但增扩了他的见闻,也增扩了他的胸襟;他能够综括三千多年的事,写成一部大书,而行文又极其抑扬变化之致,可见出他的胸襟是如何的阔大。

他二十几岁的时候,应试得高第,做了郎中。武帝元封元年(西元前110年),大行封禅典礼,步骑十八万,旌旗千余里。司马谈是史官,本该从行;但是病得很重,留在洛阳不能去。司马迁却跟去了。回来见父亲,父亲已经快死了,拉着他的手呜咽着道:"我们先人从虞夏以来,世代做史官;周末弃职他去,从此我家便衰微了。我虽然恢复了世传的职务,可是不成;你看这回封禅大典,我竟不能从行,真是命该如此!再说孔子因为眼见王道缺、礼乐衰,才整理文献,论《诗》《书》,作《春秋》,他的功绩是不朽的。孔子到现在又四百多年了,各国只管争战,史籍都散失了,这得搜求整理;汉朝一统天下,明主、贤君、忠臣、死义之士,也得记载表彰。我做了太史令,却没能尽职,无所论著,真是惶恐万分。你若能继承先业,再做太史令,成就我的未竟之志,扬名于后世,那就是大孝了。你想着我的话罢。"① 司马迁听了父亲这番遗命,低头流泪答道:"儿子虽然不肖,定当将你老人家所搜集的材料,小心整理起来,不敢有所遗失。"② 司马谈便在这年死了;司马迁这年三十六岁。父亲的遗命指示了他一条伟大的路。

父亲死的第三年,司马迁果然做了太史令。他有机会看到许多史籍和别的藏书,便开始作整理的工夫。那时史料都集中在太史令手里,特别是汉代各地方行政报告,他那里都有。他一面整理史料,一面却忙着改历的工作;直到太初元年(西元前104年),太初历完成,才动手著他的书。天汉二年(西元前99年),李陵奉贰师将军李广利的命,领了五千兵,出塞打匈奴。匈奴八万人围着他们;他们杀伤了匈奴一万多,可是自己的人也死了一大半。箭完了,又没吃的,耗了八天,等贰师将军派救兵。救兵竟没有影子。匈奴却派人来招降。李陵想着回去也没有脸,就降了。武帝听了这个消息,又急又气。朝廷里纷纷说李陵的坏话。武帝问司马迁,李陵到底是个怎样的人。李陵也做过郎中,和司马迁同过事,司马迁是知道他的。

他说李陵这个人秉性忠义,常想牺牲自己,报效国家。这回以少敌众,兵尽路穷,但还杀伤那么些人,功劳其实也不算小。他决不是怕死的人,他的降大概是假意的,也许在等机会给汉朝出力呢。武帝听了他的话,想着贰师将军是自己派的元帅,司马迁却将功劳归在投降的李陵身上,真是大不敬;便教将他抓起来,下在狱里。第二年,武帝杀了李陵全家,处司马迁宫刑。宫刑是个大辱,污及先人,见笑亲友。他灰心失望已极,只能发愤努力,在狱中专

父亲的遗命指示了他一条伟大的路。

父亲死的第三年,司马迁果然做了太史令。

第二年,武帝杀了李陵全家,处司马迁宫刑。

心致志写他的书，希图留个后世名。过了两年，武帝改元太始，大赦天下。他出了狱，不久却又做了宦者做的官，中书令，重被宠信。但他还继续写他的书。直到征和二年（西元前91年），全书才得完成，共一百三十篇，五十二万六千五百字。他死后，这部书部分的流传；到宣帝时，他的外孙杨恽才将全书献上朝廷去，并传写公行于世。汉人称为《太史公书》《太史公》《太史公记》《太史记》。魏晋间才简称为《史记》，《史记》便成了定名。这部书流传时颇有缺佚，经后人补续改窜了不少；只有元帝、成帝间褚少孙补的有主名，其余都不容易考了。

司马迁是窃比孔子的。孔子是在周末官守散失时代第一个保存文献的人；司马迁是秦火以后第一个保存文献的人。他们保存的方法不同，但是用心一样。《史记·自序》里记着司马迁和上大夫壶遂讨论作史的一番话。司马迁引述他的父亲称扬孔子整理"六经"的丰功伟业，而特别着重《春秋》的著作。他们父子都是相信孔子作《春秋》的。他又引董仲舒所述孔子的话："我有种种觉民救世的理想，凭空发议论，恐怕人不理会；不如借历史上现成的事实来表现，可以深切著明些。"[③]这便是孔子作《春秋》的旨趣；他是要明王道、辩人事，分明是非善恶贤不肖，存亡继绝，补敝起废，作后世君臣龟鉴。《春秋》实在是礼义的大宗，司马迁相信礼治是胜于法治的。他相信《春秋》包罗万象，采善贬恶，并非以刺讥为主。像他父亲遗命所说的，汉兴以来，人主明圣盛德，和功臣、世家、贤大夫之业，是他父子职守所在，正该记载表彰。他的书记汉事较详，固然是史料多，也是他意主尊汉的缘故。他排斥暴秦，要将汉远承三代。这正和今文家说的《春秋》尊鲁一样，他的书实在是窃比《春秋》的。他虽自称只是"厥协'六经'异传，整齐百家杂语"[④]，述而不作,不敢与《春秋》比,那不过是谦词罢了。

他在《报任安书》里说他的书"欲以究天人之际,通古今之变,成一家之言"。《史记·自序》里说:"罔(网)罗天下放佚旧闻,王迹所兴,原始察终,见盛观衰,论考之行事。""王迹所兴",始终盛衰,便是"古今之变",也便是"天人之际"。"天人之际"只是天道对于人事的影响;这和所谓"始终盛衰"都是阴阳家言。阴阳家倡"五德终始说",以为金木水火土五行之德,互相克胜,终始运行,循环不息。当运者盛,王迹所兴;运去则衰。西汉此说大行,与"今文经学"合而为一。司马迁是请教过董仲舒的,董就是今文派的大师;他也许受了董的影响。"五德终始说"原是一种历史哲学;实际的教训只是让人君顺时修德。

《史记》虽然窃比《春秋》,却并不用那咬文嚼字的书法,只据事实录,使善恶自见。书里也有议论,那不过是著者牢骚之辞,与大体是无关的。原来司马迁自遭李陵之祸,更加努力著书。他觉得自己已经身废名裂,要发抒意中的郁结,只有这一条通路。他在《报任安书》和《史记·自序》里引了文王以下到韩非诸贤圣,都是发愤才著书的。他自己也是个发愤著书的人。天道的无常,世变的无常,引起了他的慨叹;他悲天悯人,发为牢骚抑扬之辞。这增加了他的书的情韵。后世论文的人推尊《史记》,一个原因便在这里。

班彪论前史得失,却说他"论议浅而不笃。其论术学,则崇黄老而薄《五经》;序货殖,则轻仁义而羞贫穷;道游侠,则贱守节而贵俗功",以为"大敝伤道"⑤;班固也说他"是非颇谬于圣人"⑥。其实推崇道家的是司马谈;司马迁时,儒学已成独尊之势,他也成了一个推崇的人了。至于《游侠》《货殖》两传,确有他的身世之感。那时候有钱可以赎罪,他遭了李陵之祸,刑重家贫,不能自赎,所以

> "五德终始说"原是一种历史哲学;实际的教训只是让人君顺时修德。

才有"羞贫穷"的话;他在穷窘之中,交游竟没有一个抱不平来救他的,所以才有称扬游侠的话。这和《伯夷传》里天道无常的疑问,都只是偶一借题发挥,无关全书大旨。东汉王允死看"发愤"著书一语,加上咬文嚼字的成见,便说《史记》是"佞臣"的"谤书"⑦,那不但误解了《史记》,也太小看了司马迁。

《史记》体例有五:十二本纪,记帝王政迹,是编年的。十表,以分年略记世代为主。八书,记典章制度的沿革。三十世家,记侯国世代存亡。七十列传,类记各方面人物。史家称为"纪传体",因为"纪传"是最重要的部分。古史不是断片的杂记,便是顺案年月的纂录;自出机杼,创立规模,以驾驭去取各种史料的,从《史记》起始。司马迁的确能够贯穿经传,整齐百家杂语,成一家言。他明白"整齐"的必要,并知道怎样去"整齐",这实在是创作,是以述为作。他这样将自有文化以来三千年间君臣士庶的行事,"合一炉而冶之",却反映着秦汉大一统的局势。《春秋左氏传》虽也可算通史,但是规模完具的通史,还得推《史记》为第一部书。班固根据他父亲班彪的意见,说司马迁"善叙事理,辩而不华,质而不俚;其文直,其事核,不虚美,不隐恶,故谓之实录。"⑧"直"是"简省"的意思;简省而能明确,便见本领。《史记》共一百三十篇,列传占了全书的过半数;司马迁的史观是以人物为中心的。他最长于描写;靠了他的笔,古代许多重要人物的面形,至今还活现在纸上。

《汉书》,汉班固著。班固,字孟坚,扶风安陵(今陕西咸阳)人,(光武帝建武八年生,和帝永元四年卒,西元32—92年)他家和司马氏一样,也是个世家;《汉书》是子继父业,也和司马迁差不多。但班固的凭藉,比司马迁好多了。他曾祖班况,博学有才气,成帝时,和刘向同校皇家藏书。成帝赐了他全套藏书的副本,《史记》

也在其中。当时书籍流传很少,得来不易;班家得了这批赐书,真像大图书馆似的。他家又有钱,能够招待客人。后来有好些学者,老远的跑到他家来看书,扬雄便是一个。班况的次孙班彪,既有书看,又得接触许多学者;于是尽心儒术,成了一个史学家。《史记》以后,续作很多,但不是偏私,就是鄙俗;班彪加以整理补充,著了六十五篇《后传》。他详论《史记》的得失,大体确当不移。他的书似乎只有本纪和列传;世家是并在列传里。这部书没有流传下来,但他的儿子班固的《汉书》是用它作底本的。

班固生在河西,那时班彪避乱在那里。班固有弟班超,妹班昭,后来都有功于《汉书》。他五岁时随父亲到那时的京师洛阳。九岁时能作文章,读诗赋。大概是十六岁罢,他入了洛阳的大学,博览群书。他治学不专守一家;只重大义,不沾沾在章句上;又善作辞赋。为人宽和容众,不以才能骄人。在大学里读了七年书,二十三岁上,父亲死了,他回到安陵去。明帝永平元年(58年),他二十八岁,开始改撰父亲的书。他觉得《后传》不够详的,自己专心精究,想完成一部大书。过了三年,有人上书给明帝,告他私自改作旧史。当时天下新定,常有人假造预言,摇惑民心;私改旧史,更有机会造谣,罪名可以很大。

明帝当即诏令扶风郡逮捕班固,解到洛阳狱中,并调看他的稿子。他兄弟班超怕闹出大乱子,永平五年(62年),带了全家赶到洛阳;他上书给明帝,陈明原委,请求召见。明帝果然召见。他陈明班固不敢私改旧史,只是续父所作。那时扶风郡也已将班固稿子送呈。明帝却很赏识那稿子,便命班固做校书郎,兰台令史,跟别的几个人同修世祖(光武帝)本纪。班家这时候很穷,班超也做了一名书记,帮助哥哥养家。后来班固等又述诸功臣的事迹,作列

> 班固生在河西,那时班彪避乱在那里。

传载记二十八篇奏上。这些后来都成了刘珍等所撰的《东观汉记》的一部分,与《汉书》是无关的。

明帝这时候才命班固续完前稿。永平七年(64年),班固三十三岁,在兰台重新写他的大著。兰台是皇家藏书之处,他取精用弘,比家中自然更好。次年,班超也做了兰台令史。虽然在官不久,就从军去了,但一定给班固帮助很多。章帝即位,好辞赋,更赏识班固了。他因此得常到宫中读书,往往连日带夜的读下去。大概在建初七年(82年),他的书才大致完成。那年他是五十一岁了。和帝永元元年(89年),车骑将军窦宪出征匈奴,用他做中护军,参议军机大事。这一回匈奴大败,逃得不知去向。窦宪在出塞三千多里外的燕然山上刻石纪功,教班固作铭。这是著名的大手笔。

次年他回到京师,就做窦宪的秘书。当时窦宪威势极盛;班固倒没有仗窦家的势欺压人,但他的儿子和奴仆却都无法无天的。这就得罪了许多地面上的官儿;他们都敢怒而不敢言。有一回他的奴子喝醉了,在街上骂了洛阳令种兢;种兢气恨极了,但也只能记在心里。永元四年(92年),窦宪阴谋弑和帝;事败,自杀。他的党羽,或诛死,或免官。班固先只免了官,种兢却饶不过他,逮捕了他,下在狱里。他已经六十一岁了,受不得那种苦,便在狱里死了。和帝得知,很觉可惜,特地下诏申斥种兢,命他将主办的官员抵罪。

班固死后,《汉书》的稿子很散乱。他的妹子班昭也是高才博学,嫁给曹世叔,世叔早死,她的节行并为人所重。当时称为曹大家。这时候她奉诏整理哥哥的书;并有高才郎官十人,从她研究这部书——经学大师扶风马融,就在这十人里。书中的八表和天文志那时还未完成,她和马融的哥哥马续参考皇家藏书,将这些篇写定,这也是奉诏办的。

《汉书》的名称从《尚书》来，是班固定的。他说唐虞三代当时都有记载，颂述功德；汉朝却到了第六代才有司马迁的《史记》。而《史记》是通史，将汉朝皇帝的本纪放在尽后头，并且将尧的后裔的汉和秦、项放在相等的地位，这实在不足以推尊本朝。况《史记》只到武帝而止，也没有成段落似的。他所以断代述史，起于高祖，终于平帝时王莽之诛，共十二世，二百三十年，作纪、表、志、传凡百篇，称为《汉书》。⑨班固著《汉书》，虽然根据父亲的评论，修正了《史记》的缺失，但断代的主张，却是他的创见。他这样一面保存了文献，一面贯彻了发扬本朝功德的趣旨。所以后来的正史都以他的书为范本，名称也多叫做"书"。他这个创见，影响是极大的。他的书所包举的，比《史记》更为广大；天地、鬼神、人事、政治、道德、艺术、文章，尽在其中。

书里没有世家一体，本于班彪《后传》。汉代封建制度，实际上已不存在；无所谓侯国，也就无所谓世家。这一体的并入列传，也是自然之势。至于改"书"为"志"，只是避免与《汉书》的"书"字相重，无关得失。但增加了《艺文志》，叙述古代学术源流，记载皇家藏书目录，所关却就大了。《艺文志》的底本是刘歆的《七略》。刘向、刘歆父子都曾奉诏校读皇家藏书；他们开始分别源流，编订目录，⑩使那些"中秘书"渐得流传于世，功劳是很大的。他们的原著都已不存，但《艺文志》还保留着刘歆《七略》的大部分。这是后来目录学家的宝典。原来秦火之后，直到成帝时，书籍才渐渐出现；成帝诏求遗书于天下，这些书便多聚在皇家。刘氏父子所以能有那样大的贡献，班固所以想到在《汉书》里增立《艺文志》，都是时代使然。司马迁便没有这样好运气。

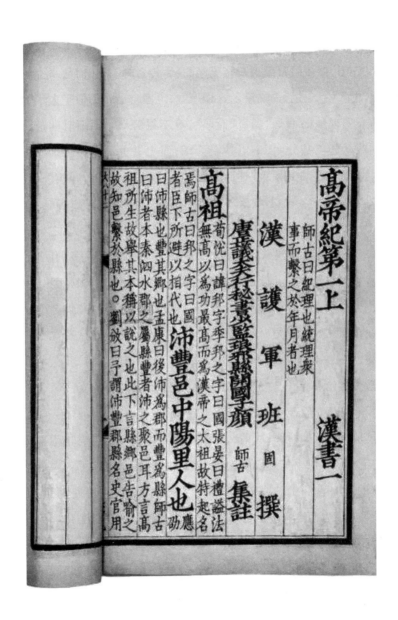

班固《汉书》刻本书影

《史记》成于一人之手,《汉书》成于四人之手。表、志由曹大家和马续补成;纪、传从昭帝至平帝有班彪的《后传》作底本。而从高祖至武帝,更多用《史记》的文字。这样一看,班固自己作的似乎太少。因此有人说他的书是"剽窃"而成⑪,算不得著作。但那时的著作权的观念还不甚分明,不以抄袭为嫌;而史书也不能凭虚别构。班固删润旧文,正是所谓"述而不作"。他删润的地方,却颇有别裁,绝非率尔下笔。史书叙汉事,有阙略的,有隐晦的,经他润色,便变得详明;这是他的独到处。汉代"明主、贤君、忠臣、死义之士",他实在表彰得更为到家。书中收载别人整篇的文章甚多,有人因此说他是"浮华"之士。⑫这些文章大抵关系政治学术,多是经世有用之作。那时还没有文集,史书加以搜罗,不失保存文献之旨。至于收录辞赋,却是当时的风气和他个人的嗜好;不过从现在看来,这些也正是文学史料,不能抹煞的。

班、马优劣论起于王充《论衡》。他说班氏父子"文义浃备,纪事详赡",观者以为胜于《史记》。⑬王充论文,是主张"华实俱成"的。⑭汉代是个辞赋的时代,所谓"华",便是辞赋化。《史记》当时还用散行文字;到了《汉书》,便弘丽精整,多用排偶,句子也长了。这正是辞赋的影响。自此以后,直到唐代,一般文士,大多偏爱《汉书》,专门传习《史记》的传习者却甚少。这反映着那时期崇尚骈文的风气。唐以后,散文渐成正统,大家才提倡起《史记》来;明归有光及清桐城派更力加推尊,《史记》差不多要驾乎《汉书》之上了。这种优劣论起于二书散整不同,质文各异;其实是跟着时代的好尚而转变的。

晋代张辅,独不好《汉书》。他说:"世人论司马迁班固才的优劣,多以固为胜,但是司马迁叙三千年事,只五十万言,班固叙二百年事，却有八十万言。烦省相差如此之远，班固哪里赶得上司马迁呢！"⑮刘知几《史通》却以为"《史记》虽叙三千年事，详备的也只汉兴七十多年，前省后烦，未能折中；若教他作《汉书》，恐怕比班固还要烦些"⑯。刘知几左袒班固，不无过甚其辞。平心而论，《汉书》确比《史记》繁些。《史记》是通史，虽然意在尊汉，不妨详近略远，但叙汉事到底不能太详；司马迁是知道"折中"的。《汉书》断代为书，尽可充分利用史料，尽其颂述功德的职分：载事既多，文字自然繁了，这是一。《汉书》载别人文字也比《史记》多，这是二。《汉书》文字趋向骈体，句子比散体长，这是三。这都是"事有必至，理有固然"，不足为《汉书》病。范晔《后汉书·班固传赞》说班固叙事"不激诡，不抑抗，赡而不秽，详而有体，使读之者亹亹而不厌"，这是不错的。

> 平心而论，《汉书》确比《史记》繁些。

宋代郑樵在《通志·总序》里抨击班固，几乎说得他不值一钱。刘知几论通史不如断代，以为通史年月悠长，史料亡佚太多，所可采录的大都陈陈相因，难得新异。《史记》已不免此失；后世仿作，贪多务得，又加上繁杂的毛病，简直教人懒得去看。⑰按他的说法，像《鲁春秋》等，怕也只能算是截取一个时代的一段儿，相当于《史记》的叙述汉事；不是无首无尾，就是有首无尾。这都不如断代史的首尾一贯好。像《汉书》那样，所记的只是班固的近代，史料丰富，搜求不难。只需破费工夫，总可一新耳目，"使读之者亹亹而不厌"的。⑱郑樵的意见恰相反。他注重会通，以为历史是联贯的，要明白因革损益的轨迹，非会通不可。通史好在能见其全，能见其大。他称赞《史记》，说是"'六经'之后，惟有此作"。他说班固断汉为书，古今间隔，因革不明，失了会通之道，真只算是片段罢了。⑲其实通古和断代，各有短长，刘、郑都不免一偏之见。

>>> 司马迁像

《史》《汉》可以说是各自成家。《史记》"文直而事核",《汉书》"文赡而事详"㉓。司马迁感慨多,微情妙旨,时在文字蹊径之外;《汉书》却一览之余,情词俱尽。但是就史论史,班固也许比较客观些,比较合体些。明茅坤说"《汉书》以矩矱胜"㉑,清章学诚说"班氏守绳墨","班氏体方用智"㉒,都是这个意思。晋傅玄评班固,"论国体则饰主阙而折忠臣,叙世教则贵取容而贱直节"㉓。这些只关识见高低,不见性情偏正,和司马迁《游侠》《货殖》两传蕴含着无穷的身世之痛的不能相比,所以还无碍其为客观的。总之,《史》《汉》二书,文质和繁省虽然各不相同,而所采者博,所择者精,却是一样;组织的弘大,描写的曲达,也同工异曲。二书并称良史,绝不是偶然的。

参考资料:

郑鹤声,《史汉研究》《司马迁年谱》《班固年谱》。

注释:

① 原文见《史记·自序》。

② 同上。

③ 原文见《史记·自序》。

④ 同上。

⑤ 《后汉书·班彪传》。

⑥ 《汉书·司马迁传赞》。

⑦ 《后汉书·蔡邕传》。

⑧ 《汉书·司马迁传赞》。

⑨ 《汉书·叙传》。

⑩ 刘向著有《别录》。

⑪《通志·总序》。

⑫ 同上。

⑬《超奇篇》,这里据《史通·鉴识》原注引,和通行本文字略异。

⑭《超奇篇》。

⑮ 原文见《晋书·张辅传》。

⑯ 原文见《史通·杂说》上。

⑰《史通·六家》。

⑱ 同上。

⑲《通志·总序》。

⑳《后汉书·班固传赞》。

㉑《汉书评林·序》。

㉒《文史通义·诗教》下。

㉓《史通·书事》。

《诸子》第十

春秋末年，封建制度开始崩坏，贵族的统治权，渐渐维持不住。社会上的阶级，有了紊乱的现象。到了战国，更看见农奴解放，商人抬头。这时候一切政治的社会的经济的制度，都起了根本的变化。大家平等自由，形成了一个大解放的时代。在这个大变动当中，一些才智之士对于当前的情势，有种种的看法，有种种的主张；他们都想收拾那动乱的局面，让它稳定下来。有些倾向于守旧的，便起来拥护旧文化、旧制度，向当世的君主和一般人申述他们拥护的理由，给旧文化、旧制度找出理论上的根据。也有些人起来批评或反对旧文化、旧制度；又有些人要修正那些；还有人要建立新文化、新制度来代替旧的；还有人压根儿反对一切文化和制度。这些人也都根据他们自己的见解各说各的，都"持之有故，言之成理"。这便是诸子之学，大部分可以称为哲学。

> 这时候一切政治的社会的经济的制度，都起了根本的变化。

> 在中国学术史里是稀有的。

春秋末年，封建制度开始崩坏，贵族的统治权，渐渐维持不住。社会上的阶级，有了紊乱的现象。到了战国，更看见农奴解放，商人抬头。这时候一切政治的社会的经济的制度，都起了根本的变化。大家平等自由，形成了一个大解放的时代。在这个大变动当中，一些才智之士对于当前的情势，有种种的看法，有种种的主张；他们都想收拾那动乱的局面，让它稳定下来。有些倾向于守旧的，便起来拥护旧文化、旧制度，向当世的君主和一般人申述他们拥护的理由，给旧文化、旧制度找出理论上的根据。也有些人起来批评或反对旧文化、旧制度；又有些人要修正那些；还有人要建立新文化、新制度来代替旧的；还有人压根儿反对一切文化和制度。这些人也都根据他们自己的见解各说各的，都"持之有故，言之成理"。这便是诸子之学，大部分可以称为哲学。这是一个思想解放的时代，也是一个思想发达的时代，在中国学术史里是稀有的。

诸子都出于职业的"士"。"士"本是封建制度里贵族的末一级；但到了春秋、战国之际，"士"成了有才能的人的通称。在贵族政治未崩坏的时候，所有的知识、礼、乐等等，都在贵族手里，平民是没分的。那时有知识技能的专家，都由贵族专养专用，都是在官的。到了贵族政治崩坏以后，贵族有的失了势，穷了，养不起自用的专家。这些专家失了业，流落到民间，便卖他们的知识技能为生。凡有权有钱的都可以临时雇用他们；他们起初还是伺候贵族的时候多，不过不限于一家贵族罢了。这样发展了一些自由职业；靠这些自由职业为生的，渐渐形成了一个特殊阶级，便是"士农工商"的"士"。这些"士"，这些专家，后来居然开门授徒起来。徒弟多了，声势就大了，地位也高了。他们除掉执行自己的职业之外，不免根据他们专门的知识技能，研究起当时的文化和制度来了。这就有了种种看法和主张，各"思以其道易天下"①。诸子百家便是这样兴起的。

第一个开门授徒发扬光大那非农非工非商非官的"士"的阶级的，是孔子。孔子名丘，他家原是宋国的贵族，贫寒失势，才流落到鲁国去。他自己做了一个儒士；儒士是以教书和相礼为职业的，他却只是一个"老教书匠"。他的教书有一个特别的地方，就是"有教无类"②。他大招学生，不问身家，只要缴相当的学费就收；收来的学生，一律教他们读《诗》《书》等名贵的古籍，并教他们礼、乐等功课。这些从前是只有贵族才能够享受的，孔子是第一个将学术民众化的人。他又带着学生，周游列国，说当世的君主；这也是从前没有的。他一个人开了讲学和游说的风气，是"士"阶级的老祖宗。他是旧文化、旧制度的辩护人，以这种姿态创始了所谓儒家。所谓旧文化、旧制度，主要的是西周的文化和制度，孔子相信是文王、周公创造的。继续文王、周公的事业，便是他给他自己的使命。他自己说，"述而不作，信而好古"③；所述的，所信所好的，都是周代的文化和制度。《诗》《书》《礼》《乐》等是周文化的代表，所以他拿来作学生的必修科目。这些原是共同的遗产，但后来各家都讲自己的新学说，不讲这些；讲这些的始终只有"述而不作"的儒家。因此《诗》《书》《礼》《乐》等便成为儒家的专有品了。

孔子是个博学多能的人，他的讲学是多方面的。他讲学的目的在于养成"人"，养成为国家服务的人，并不在于养成某一家的学者。他教学生读各种书，学各种功课之外，更注重人格的修养。他说为人要有真性情，要有同情心，能够推己及人，这所谓"直""仁""忠""恕"；一面还得合乎礼，就是遵守社会的规范。凡事只问该做不该做，不必问有用无用；只重义，不计利。这样的人才配去干政治，为国家服务。孔子的政治学说，是"正名主义"。他想着当时制度的崩坏，阶级的紊乱，都是名不正的缘故。君没有君道，臣没有臣道，父没有父道，子没有子道，实和名不能符合起来，天下自然乱了。救时之道，便是"君君，臣臣，父父，子子"④；正名定分，社会的秩序，封建的阶级便会恢复的。他是给封建制度找了一个理论的根据。这个正名主义，又是从《春秋》和古史官的种种书法归纳得来的。他所谓"述而不作"，其实是以述为作，就是理论化旧文化、旧制度，要将那些维持下去。他对于中国文化的贡献，便在这里。

> 孔子以后，儒家还出了两位大师，孟子和荀子。

孔子以后，儒家还出了两位大师，孟子和荀子。孟子名轲，邹人；荀子名况，赵人。这两位大师代表儒家的两派。他们也都拥护周代的文化和制度，但更进一步的加以理论化和理想化。孟子说人性是善的。人都有恻隐心、羞恶心、辞让心、是非心；这便是仁义礼智等善端，只要能够加以扩充，便成善人。这些善端，又总称为"不忍人之心"。圣王本于"不忍人之心"，发为"不忍人之政"，⑤便

113

是"仁政""王政"。一切政治的经济的制度都是为民设的,君也是为民设的——这却已经不是封建制度的精神了。和王政相对的是霸政。霸主的种种制作设施,有时也似乎为民,其实不过是达到好名好利好尊荣的手段罢了。荀子说人性是恶的。性是生之本然,里面不但没有善端,还有争夺放纵等恶端。但是人有相当聪明才力,可以渐渐改善学好;积久了,习惯自然,再加上专一的工夫,可以到圣人的地步。所以善是人为的。孟子反对功利,他却注重它。他论王霸的分别,也从功利着眼。孟子注重圣王的道德,他却注重圣王的威权。他说生民之初,纵欲相争,乱得一团糟;圣王建立社会国家,是为明分息争的。礼是社会的秩序和规范,作用便在明分;乐是调和情感的,作用便在息争。他这样从功利主义出发,给一切文化和制度找到了理论的根据。

儒士多半是上层社会的失业流民;儒家所拥护的制度,所讲所行的道德也是上层社会所讲所行的。还有原业农工的下层失业流民,却多半成为武士。武士是以帮人打仗为职业的专家。墨翟便出于武士。墨家的创始者墨翟,鲁国人,后来做到宋国的大夫,但出身大概是很微贱的。"墨"原是做苦工的犯人的意思,大概是个诨名;"翟"是名字。墨家本是贱者,也就不辞用那个诨名自称他们的学派。墨家是有团体组织的,他们的首领叫做"巨子";墨子大约就是第一任"巨子"。他们不但是打仗的专家,并且是制造战争器械的专家。

但墨家和别的武士不同,他们是有主义的。他们虽以帮人打仗为生,却反对侵略的打仗;他们只帮被侵略的弱小国家做防卫的工作。《墨子》里只讲守的器械和方法,攻的方面,特意不讲。这是他们的"非攻"主义。他们说天下大害,在于人的互争;天下人都该视人如己，互相帮助，不但利他，而且利己。这是"兼爱"主义。墨家注重功利，凡与国家人民有利的事情，才认为有价值。国家人民，利在富庶；凡能使人民富庶的事物是有用的，别的都是无益或有害。他们是平民的代言人，所以反对贵族的周代的文化和制度。他们主张"节葬""短丧""节用""非乐"，都和儒家相反。他们说他们是以节俭勤苦的夏禹为法的。他们又相信有上帝和鬼神，能够赏善罚恶；这也是下层社会的旧信仰。儒家和墨家其实都是守旧的；不过一个守原来上层社会的旧，一个守原来下层社会的旧罢了。

压根儿反对一切文化和制度的是道家。道家出于隐士。压根儿反对一切文化和制度的是道家。道家出于隐士。孔子一生曾遇到好些"避世"之士；他们着实讥评孔子。这些人都是有知识学问的。他们看见时世太乱，难以挽救，便消极起来，对于世事，取一种不闻不问的态度。他们讥评孔子"知其不可而为之"⑥，费力不讨好；他们自己便是知其不可而不为的、独善其身的聪明人。后来有个杨朱，也是这一流人，他却将这种态度理论化了，建立"为我"的学说。他主张"全生保真，不以物累形"⑦；将天下给他，换他小腿上一根汗毛，他是不干的。天下虽大，是外物；一根毛虽小，却是自己的一部分。所谓"真"，便是自然。杨朱所说的只是教人因生命的自然，不加伤害；"避世"便是"全生保真"的路。不过世事变化无穷，避世未必就能避害，杨朱的教义到这里却穷了。老子、庄子的学说似乎便是从这里出发，加以扩充的。杨朱实在是道家的先锋。

老子相传姓李名耳，楚国隐士。楚人是南方新兴的民族，受周文化的影响很少；他们往往有极新的思想。孔子遇到那些隐士，也都在楚国；这似乎不是偶然的。庄子名周，宋国人，他的思想却接近楚人。老学以为宇宙间事物的变化，都遵循一定的公律，在天然界如此,在人事界也如此。这叫做"常"。顺应这些公律,便不须避害,自然能避害。所以说,"知常曰明"⑧。事物变化的最大公律是物极则反。处世接物,最好先从反面下手。"将欲翕之,必固张之;将欲弱之,必固强之;将欲废之,必固兴之;将欲夺之,必固与之。"⑨"大直若屈,大巧若拙,大辩若讷。"⑩这样以退为进,便不至于有什么冲突了。因为物极则反,所以社会上政治上种种制度,推行起来,结果往往和原来目的相反。"法令滋彰,盗贼多有。"⑪治天下本求有所为,但这是费力不讨好的,不如排除一切制度,顺应自然,无为而为,不治而治。那就无不为,无不治了。自然就是"道",就是天地万物所以生的总原理。物得道而生,是道的具体表现。一物所以生的原理叫做"德","德"是"得"的意思。所以宇宙万物都是自然的。这是老学的根本思想;也是庄学的根本思想。但庄学比老学更进一步。他们主张绝对的自由,绝对的平等。天地万物,无时不在变化之中,不齐是自然的。一切但须顺其自然,所有的分别,所有的标准,都是不必要的。社会上政治上的制度,硬教不齐的齐起来,只徒然伤害人性罢了。所以圣人是要不得的;儒墨是"不知耻"的。⑫按庄学说,凡天下之物,都无不好,凡天下的意见,都无不对;无所谓物我,无所谓是非;甚至死和生也都是自然的变化,都是可喜的。明白这些个,便能与自然打成一片,成为"无人而不自得"的至人了。老庄两派,汉代总称为道家。

庄学排除是非,是当时"辩者"的影响。"辩者"汉代称为名家,出于讼师。辩者的一个首领郑国邓析,便是春秋末年著名的讼师。另一个首领梁相惠施,也是法律行家。邓析的本事在对于法令能够咬文嚼字地取巧,"以是为非,以非为是"⑬。语言文字往往是多义的;他能够分析语言文字的意义,利用来作种种不同甚至相反的

老庄两派,汉代总称为道家。

庄学排除是非,是当时"辩者"的影响。

解释。这样发展了辩者的学说。当时的辩者有惠施和公孙龙两派。惠施派说,世间各个体的物,各有许多性质;但这些性质,都因比较而显,所以不是绝对的。各物都有相同之处,也都有相异之处。从同的一方面看,可以说万物无不相同;从异的一方面看,可以说万物无不相异。同异都是相对的:这叫做"合同异"⑭。

公孙龙,赵人。他这一派不重个体而重根本,他说概念有独立分离的存在。譬如一块坚而白的石头,看的时候只见白,没有坚;摸的时候只觉坚,不见白。所以白性与坚性两者是分离的。况且天下白的东西很多,坚的东西也很多,有白而不坚的,也有坚而不白的。也可见白性与坚性是分离的,白性使物白,坚性使物坚;这些虽然必须因具体的物而见,但实在有着独立的存在,不过是潜存罢了。这叫做"离坚白"⑮。这种讨论与一般人感觉和常识相反,所以当时以为"怪说""琦辞","辩而无用"。⑯但这种纯理论的兴趣,在哲学上是有它的价值的。至于辩者对于社会政治的主张,却近于墨家。

儒、墨、道各家有一个共通的态度,就是托古立言;他们都假托古圣贤之言以自重。孔子托于文王、周公,墨子托于禹,孟子托于尧、舜,老、庄托于传说中尧、舜以前的人物;一个比一个古,一个压一个。不托古而变古的只有法家。法家出于"法术之士"⑰,法术之士是以政治为职业的专家。贵族政治崩坏的结果,一方面是平民的解放,一方面是君主的集权。这时候国家的范围,一天一天扩大,社会的组织也一天一天复杂。人治、礼治,都不适用了。法术之士便创一种新的政治方法帮助当时的君主整理国政,做他们的参谋。这就是法治。当时现实政治和各方面的趋势是变古——尊君权、禁私学、重富豪。法术之士便拥护这种趋势,加以理论化。

>>> 《"五子"图》

他们中间有重势、重术、重法三派,而韩非子集其大成。他本是韩国的贵族,学于荀子。他采取荀学、老学和辩者的理论,创立他的一家言;他说势、术、法三者都是"帝王之具"[18],缺一不可。势的表现是赏罚:赏罚严,才可以推行法和术。因为人性究竟是恶的。术是君主驾驭臣下的技巧。综核名实是一个例。譬如教人做某官,按那官的名位,该能做出某些成绩来;君主就可以照着去考核,看他名实能相符否。又如臣下有所建议,君主便叫他去做,看他能照所说的做到否。名实相符的赏;否则罚。法是规矩准绳,明主制下了法,庸主只要守着,也就可以治了。君主能够兼用法、术、势,就可以一驭万,以静制动,无为而治。诸子都讲政治,但都是非职业的,多偏于理想。只有法家的学说,从实际政治出来,切于实用。中国后来的政治,大部分是受法家的学说支配的。

古代贵族养着礼、乐专家,也养着巫祝、术数专家。礼、乐原来的最大的用处在丧、祭。丧、祭用礼、乐专家,也用巫祝;这两种人是常在一处的同事。巫祝固然是迷信的;礼、乐里原先也是有迷信成分的。礼、乐专家后来沦为儒士;巫祝术数专家便沦为方士。他们关系极密切,所注意的事有些是相同的。汉代所称的阴阳家便出于方士。古代术数注意于所谓"天人之际",以为天道人事互相影响。战国末年有些人更将这种思想推行起来,并加以理论化,使它成为一贯的学说。这就是阴阳家。

当时阴阳家的首领是齐人邹衍。他研究"阴阳消息"[19],创为"五德终始"说。[20]"五德"就是五行之德。五行是古代的信仰。邹衍以为五行是五种天然势力,所谓"德"。每一德,各有盛衰的循环。在它当运的时候,天道人事,都受它支配。等到它运尽而衰,为别一德所胜所克,别一德就继起当运。木胜土,金胜木,火胜金,水胜火,土胜水,这样"终始"不息。历史上的事变都是这些天然势力的表现。每一朝代,代表一德;朝代是常变的,不是一家一姓可以永保的。阴阳家也讲仁义名分,却是受儒家的影响。那时候儒家也在开始受他们的影响,讲《周易》,作《易传》。到了秦汉间,儒家更几乎与他们混合为一;西汉今文家的经学大部便建立在阴阳家的基础上。后来"古文经学"虽然扫除了一些"非常""可怪"之论[21],但阴阳家的思想已深入人心,牢不可拔了。

战国末期,一般人渐渐感着统一思想的需要,秦相吕不韦便是做这种尝试的第一个人。他教许多门客合撰了一部《吕氏春秋》。现在所传的诸子书,大概都是汉人整理编定的;他们大概是将同一学派的各篇编辑起来,题为某子。所以都不是有系统的著作。《吕氏春秋》却不然;它是第一部完整的书。吕不韦所以编这部书,就是想化零为整,集合众长,统一思想。他的基调却是道家。秦始皇统一天下,李斯为相,实行统一思想。他烧书,禁天下藏"《诗》《书》百家语"[22]。但时机到底还未成熟,而秦不久也就亡了,李斯是失败了。所以汉初诸子学依然很盛。

到了汉武帝的时候,淮南王刘安仿效吕不韦的故智,教门客编了一部《淮南子》,也以道家为基调,也想来统一思想。但成功的不是他,是董仲舒。董仲舒向武帝建议:"'六经'和孔子的学说以外,各家一概禁止。邪说息了,秩序才可统一,标准才可分明,人民才知道他们应走的路。"[23]武帝采纳了他的话。从此,帝王用功名利禄提倡他们所定的儒学,儒学统于一尊;春秋战国时代言论思想极端自由的空气便消灭了。这时候政治上既开了从来未有的大局面,社会和经济各方面的变动也渐渐凝成了新秩序,思想渐归于统一,也是自然的趋势。在这新秩序里,农民还占着大多数,宗法社会还保留着,旧时的礼教与制度一部分还可适用,不过民众化了罢了。另一方面,要创立政治上社会上各种新制度,也得参考旧的。这里便非用儒者不可了。儒者通晓以前的典籍,熟悉以前的制度,而又能够加以理想化、理论化,使那些东西秩然有序,粲然可观。别家虽也有政治社会学说,却无具体的办法,就是有,也不完备,赶不上儒家;在这建设时代,自然不能和儒学争胜。儒学的独尊,也是当然的。

> 儒学的独尊,也是当然的。

参考资料:

冯友兰,《中国哲学史》第一篇。

注释:

① 语见章学诚《文史通义·言公》上。
②《论语·卫灵公》。
③《论语·述而》。
④《论语·颜渊》。
⑤《孟子·公孙丑》。
⑥《论语·宪问》。
⑦《淮南子·泛论训》。
⑧《老子》十六章。
⑨《老子》三十六章。
⑩《老子》四十五章。
⑪《老子》五十七章。
⑫《庄子·在宥》、《天运》。
⑬《吕氏春秋·审应览·离谓篇》。

⑭ 语见《庄子·秋水》。

⑮ 《荀子·非十二子篇》。

⑯ 语见《韩非子·孤愤》。

⑰ 《韩非子·定法》。

⑱ 同上。

⑲ 《史记·孟子荀卿列传》。

⑳ 《吕氏春秋·有始览·名类篇》及《文选》左思《魏都赋》李善注引《七略》。

㉑ 何休《春秋公羊经传解诂·序》说《春秋》中"多非常异议可怪之论"。

㉒ 《史记·秦始皇本纪》。

㉓ 原文见《汉书·董仲舒传》。

《辞赋》第十一

屈原是我国历史里永被纪念着的一个人。旧历五月五日端午节，相传便是他的忌日；他是投水死的，竞渡据说原来是表示救他的，粽子原来是祭他的。现在定五月五日为诗人节，也是为了纪念的缘故。他是个忠臣，而且是个缠绵悱恻的忠臣；他是个节士，而且是个浮游尘外、清白不污的节士。"举世皆浊而我独清，众人皆醉而我独醒"，他的身世是一出悲剧。可是他永生在我们的敬意尤其是我们的同情里。

屈原是我国历史里永被纪念着的一个人。

屈原是我国历史里永被纪念着的一个人。旧历五月五日端午节,相传便是他的忌日;他是投水死的,竞渡据说原来是表示救他的,粽子原来是祭他的。现在定五月五日为诗人节,也是为了纪念的缘故。他是个忠臣,而且是个缠绵悱恻的忠臣;他是个节士,而且是个浮游尘外、清白不污的节士。"举世皆浊而我独清,众人皆醉而我独醒"①,他的身世是一出悲剧。可是他永生在我们的敬意尤其是我们的同情里。"原"是他的号"平"是他的名字。他是楚国的贵族,怀王时候,做"左徒"的官。左徒好像现在的秘书。他很有学问,熟悉历史和政治,口才又好。一方面参赞国事,一方面给怀王见客,办外交,头头是道。怀王很信任他。

当时楚国有亲秦亲齐两派;屈原是亲齐派。秦国看见屈原得势,便派张仪买通了楚国的贵臣上官大夫,靳尚等,在怀王面前说他的坏话。怀王果然被他们所惑,将屈原放逐到汉北去。张仪便劝怀王和齐国绝交,说秦国答应割地六百里。楚和齐绝了交,张仪却说答应的是六里。怀王大怒,便举兵伐秦,不料大败而归。这时候想起屈原来了,将他召回,教他出使齐国。亲齐派暂时抬头。但

125

是亲秦派不久又得势。怀王终于让秦国骗了去,拘留着,就死在那里。这件事是楚人最痛心的,屈原更不用说了。可是怀王的儿子顷襄王,却还是听亲秦派的话,将他二次放逐到江南去。他流浪了九年,秦国的侵略一天紧似一天;他不忍亲见亡国的惨相,又想以一死来感悟顷襄王,便自沉在汨罗江里。

《楚辞》中《离骚》和《九章》的各篇,都是他放逐时候所作。《离骚》尤其是千古流传的杰构。这一篇大概是二次被放时作的。他感念怀王的信任,却恨他糊涂,让一群小人蒙蔽着,播弄着。而顷襄王又不能觉悟;以致国土日削,国势日危。他自己呢,"信而见疑,忠而被谤"②,简直走投无路;满腔委屈,千端万绪的,没人可以诉说。终于只能告诉自己的一支笔,《离骚》便是这样写成的。"离骚"是"别愁"或"遭忧"的意思。③他是个富于感情的人,那一腔遏抑不住的悲愤,随着他的笔奔迸出来,"东一句,西一句,天上一句,地下一句"④,只是一片一段的,没有篇章可言。这和人在疲倦或苦痛的时候,叫"妈呀!""天哪!"一样;心里乱极了,闷极了,叫叫透一口气,自然是顾不到什么组织的。

> 《楚辞》中《离骚》和《九章》的各篇,都是他放逐时候所作。

篇中陈说唐、虞、三代的治,桀、纣、羿、浇的乱,善恶因果,历历分明;用来讽刺当世,感悟君王。他又用了许多神话里的譬喻和动植物的譬喻,委曲地表达出他对于怀王的忠爱,对于贤人君子的向往,对于群小的深恶痛疾。他将怀王比做美人,他是"求之不得","辗转反侧";情辞凄切,缠绵不已。他又将贤臣比做香草。"美人香草"从此便成为政治的譬喻,影响后来解诗作诗的人很大。汉淮南王刘安作《离骚传》说:"《国风》好色而不淫,《小雅》怨诽而不乱,若《离骚》者可谓兼之矣。"⑤"好色而不淫"似乎就指美人香草用作政治的譬喻而言;"怨诽而不乱"是怨而不怒的意思。虽然我们相

> 他又将贤臣比做香草。"美人香草"从此便成为政治的譬喻,影响后来解诗作诗的人很大。

信《国风》的男女之辞并非政治的譬喻,但断章取义,淮南王的话却是《离骚》的确切评语。

《九章》的各篇原是分立的,大约汉人才合在一起,给了"九章"的名字。这里面有些是屈原初次被放时作的,有些是二次被放时作的。差不多都是"上以讽谏,下以自慰"⑥;引史事,用譬喻,也和《离骚》一样。《离骚》里记着屈原的世系和生辰,这几篇里也记着他放逐的时期和地域;这些都可以算是他的自叙传。他还作了《九歌》《天问》《远游》《招魂》等,却不能算自叙传,也"不皆是怨君"⑦;后世都说成怨君,便埋没了他的另一面的出世观了。他其实也是一"子",也是一家之学。这可以说是神仙家,出于巫。《离骚》里说到周游上下四方,驾车的动物,驱使的役夫,都是神话里的。《远游》更全是说的周游上下四方的乐处。这种游仙的境界,便是神仙家的理想。

《远游》开篇说,"悲时俗之迫厄兮,愿轻举而远游",篇中又说,"临不死之旧乡"。人间世太狭窄了,也太短促了,人是太不自由自在了。神仙家要无穷大的空间,所以要周行无碍;要无穷久的时间,所以要长生不老。他们要打破现实的有限的世界,用幻想创出一个无限的世界来。在这无限的世界里,所有的都是神话里的人物;有些是美丽的,也有些是丑怪的。《九歌》里的神大都可爱;《招魂》里一半是上下四方的怪物,说得顶怕人的,可是一方面也奇诡可喜。因为注意空间的扩大,所以对于天地山川日月星辰,在在都有兴味。《天问》里许多关于天文地理的疑问,便是这样来的。一面惊奇天地之广大,一面也惊奇人事之诡异——善恶因果,往往有不相应的;《天问》里许多关于历史的疑问,便从这里着眼。这却又是他的入世观了。

>>> 宋代李公麟(传)《九歌图》

要达到游仙的境界,须要"虚静以恬愉","无为而自得",还须导引养生的修炼功夫,这在《远游》里都说了。屈原受庄学的影响极大。这些都是庄学;周行无碍,长生不老,以及神话里的人物,也都是庄学。但庄学只到"我"与自然打成一片而止,并不想创造一个无限的世界;神仙家似乎比庄学更进了一步。神仙家也受阴阳家的影响;阴阳家原也讲天地广大,讲禽兽异物的。阴阳家是齐学。齐国滨海,多有怪诞的思想。屈原常常出使到那里,所以也沾了齐气。还有齐人好"隐"。"隐"是"遁词以隐意,谲譬以指事"⑧,是用一种滑稽的态度来讽谏。淳于髡可为代表。楚人也好"隐"。屈原是楚人,而他的思想又受齐国的影响,他爱用种种政治的譬喻,大约也不免沾点齐气。但是他不取滑稽的态度,他是用一副悲剧面孔说话的。《诗大序》所谓"谲谏",所谓"言之者无罪,闻之者足以戒",倒是合适的说明。至于像《招魂》里的铺张排比,也许是纵横家的风气。

《离骚》各篇多用"兮"字足句,句逗以参差不齐为主。"兮"字足句,三百篇中已经不少;句逗参差,也许是"南音"的发展。"南"本是南乐的名称;三百篇中的二南,本该与风、雅、颂分立为四。二南是楚诗,乐调虽已不能知道,但和风、雅、颂必有异处。从二南到《离骚》,现在只能看出句逗由短而长、由齐而畸的一个趋势;这中间变迁的轨迹,我们还能找到一些,总之,绝不是突如其来的。这句逗的发展,大概多少有音乐的影响。从《汉书·王褒传》,可以知道楚辞的诵读是有特别的调子的⑨,这正是音乐的影响。屈原诸作奠定了这种体制,模拟的日渐其多。就中最出色的是宋玉,他作了《九辩》。宋玉传说是屈原的弟子;《九辩》的题材和体制都模拟《离骚》和《九章》,算是代屈原说话,不过没有屈原那样激切罢了。宋玉自己可也加上一些新思想;他是第一个描写"悲秋"的人。还有个景差,据说是《大招》的作者;《大招》是模拟《招魂》的。

到了汉代,模拟《离骚》的更多,东方朔、王褒、刘向、王逸都走着宋玉的路。大概武帝时候最盛,以后就渐渐地差了。汉人称这种体制为"辞",又称为"楚辞"。刘向将这些东西编辑起来,成为《楚辞》一书。东汉王逸给作注,并加进自己的拟作,叫做《楚辞章句》。北宋洪兴祖又作《楚辞补注》;《章句》和《补注》合为《楚辞》标准的注本。但汉人又称《离骚》等为"赋"。《史记·屈原传》说他"作《怀沙》之赋";《怀沙》是《九章》之一,本无"赋"名。《传》尾又说,"宋玉、唐勒、景差之徒,皆好辞而以赋见称。"《汉书·艺文志·诗赋略》列"屈原赋二十五篇",就是《离骚》等。大概"辞"是后来的名字,专指屈、宋一类作品;赋虽从辞出,却是先起的名字,在未采用"辞"的名字以前,本包括"辞"而言。所以浑言称"赋",称"辞赋",分言称"辞"和"赋"。后世引述屈、宋诸家,只通称"楚辞",没有单称"辞"的。但却有称"骚""骚体""骚赋"的,这自然是《离骚》的影响。

> 到了汉代,模拟《离骚》的更多,东方朔、王褒、刘向、王逸都走着宋玉的路。

荀子的《赋篇》最早称"赋"。篇中分咏"礼""知""云""蚕""箴"(针)五件事物,像是谜语;其中颇有讽世的话,可以说是"隐"的支流余裔。荀子久居齐国的稷下,又在楚国做过县令,死在那里。他的好"隐",也是自然的。《赋篇》总题分咏,自然和后来的赋不同,但是安排客主,问答成篇,却开了后来赋家的风气。荀赋和屈辞原来似乎各是各的;这两体的合一,也许是在贾谊手里。贾谊是荀卿的再传弟子,他的境遇却近于屈原,又久居屈原的故乡;很可能的,他模拟屈原的体制,却袭用了荀卿的"赋"的名字。这种赋日渐发展,屈原诸作也便被称为"赋";"辞"的名字许是后来因为拟作多了,才分化出来,作为此体的专称的。辞本是"辩解的言语"的意思,用来称屈、宋诸家所作,倒也并无不合之处。

> 荀子的《赋篇》最早称"赋"。

>>> 吴伟《东方朔偷桃图》

《汉书·艺文志·诗赋略》分赋为四类。"杂赋"十二家是总集,可以不论。屈原以下二十家,是言情之作。陆贾以下二十一家,已佚,大概近于纵横家言。就中"陆贾赋三篇",在贾谊之先;但作品既不可见,是他自题为赋,还是后人追题,不能知道,只好存疑了。荀卿以下二十五家,大概是叙物明理之作。这三类里,贾谊以后各家,多少免不了屈原的影响,但已渐有散文化的趋势;第一类中的司马相如便是创始的人。——托为屈原作的《卜居》《渔父》,通篇散文化,只有几处用韵,似乎是《庄子》和荀赋的混合体制,又当别论。——散文化更容易铺张些。"赋"本是"铺"的意思,铺张倒是本来面目。可是铺张的作用原在讽谏;这时候却为铺张而铺张。所谓"劝百而讽一"⑩。当时汉武帝好辞赋,作者极众,争相竞胜,所以致此。扬雄说,"诗人之赋丽以则,辞人之赋丽以淫"⑪;"诗人之赋"便是前者,"辞人之赋"便是后者。甚至有诙谐嫚戏,毫无主旨的。难怪辞赋家会被人鄙视为倡优了。

东汉以来,班固作《两都赋》,"概众人之所眩曜,折以今之法度"⑫;张衡仿他作《二京赋》。晋左思又仿作《三都赋》。这种赋铺叙历史地理,近于后世的类书;是陆贾、荀卿两派的混合,是散文的更进一步。这和屈、贾言情之作却迥不相同了。此后赋体渐渐缩短,字句却整炼起来。那时期一般诗文都趋向排偶化,赋先是领着走,后来是跟着走;作赋专重写景述情,务求精巧,不再用来讽谏。这种赋发展到齐、梁、唐初为极盛,称为"俳体"的赋。⑬"俳"是游戏的意思,对讽谏而言;其实这种作品倒也并非滑稽嫚戏之作。唐代古文运动起来,宋代加以发挥光大,诗文不再重排偶而趋向散文化,赋体也变了。像欧阳修的《秋声赋》,苏轼的《前后赤壁赋》,虽然有韵而全篇散行,排偶极少,比《卜居》《渔父》更其散文的。这称

《汉书·艺文志·诗赋略》分赋为四类。

难怪辞赋家会被人鄙视为倡优了。

东汉以来,班固作《两都赋》,"概众人之所眩曜,折以今之法度";张衡仿他作《二京赋》。晋左思又仿作《三都赋》。

为"文体"的赋。⑭唐宋两代,以诗赋取士,规定程式。那种赋定为八韵,调平仄,讲对仗;制题新巧,限韵险难。这只是一种技艺罢了。这称为"律赋"。对"律赋"而言,"俳体"和"文体"的赋都是"古赋";这"古赋"的名字和"古文"的名字差不多,真正"古"的如屈宋的辞,汉人的赋,倒是不包括在内的。赋似乎是我国特有的体制;虽然有韵,而就它全部的发展看,却与文近些,不算是诗。

> 赋似乎是我国特有的体制。

参考资料:

游国恩,《读骚》《论微初集》。

注释:

① 《楚辞·渔父》。

② 《史记·屈原传》。

③ 王逸《离骚经序》,班固《离骚赞序》。

④ 刘熙载《艺概》中《赋概》。

⑤ 《史记·屈原传》。

⑥ 王逸《楚辞章句·序》。

⑦ 《朱子语类》一四〇。

⑧ 《文心雕龙·谐隐篇》。

⑨ 《汉书·王褒传》,"宣帝时徵能为《楚辞》。九江被公召见诵读。"

⑩ 《汉书·司马相如传赞》引扬雄语。

⑪ 《法言·吾子篇》。

⑫ 《两都赋序》。

⑬ "俳体"的名称,见元祝尧《古赋辨体》。

⑭ "文体"的名称,见元祝尧《古赋辨体》。

诗第十二

　　向来论诗的对于唐以前的五言古诗,大概推尊,以为是诗的正宗;唐以后的五言古诗,却说是变格,价值差些,可还是诗。诗以"吟咏情性",该是"温柔敦厚"的。按这个界说,齐、梁、陈、隋的五言古诗其实也不够格,因为题材太小,声调太软,算不得"敦厚"。七言歌行及近体成立于唐代,却只能以唐代为正宗。宋诗议论多,又一味刻画,多用俗语,拗折声调。他们说这只是押韵的文,不是诗。但是推尊宋诗的却以为天下事物穷则变,变则通,诗也是如此。变是创新,是增扩,也就是进步。若不容许变,那就只有模拟,甚至只有抄袭;那种"优孟衣冠",甚至土偶木人,又有什么意义可言!即如模拟所谓盛唐诗的,末流往往只剩了空廓的架格和浮滑的声调;要是再不变,诗道岂不真穷了?所以诗的界说应该随时扩展;"吟咏情性""温柔敦厚"诸语,也当因历代的诗辞而调整原语的意义。诗毕竟是诗,无论如何的扩展与调整,总不会与文混合为一的。诗体正变说起于宋代,唐、宋分界说起于明代;其实历代诗各有胜场也各有短处,只要知道新、变,便是进步,这些争论是都不成问题的。

汉武帝立乐府,采集代、赵、秦、楚的歌谣和乐谱;教李延年作协律都尉,负责整理那些歌辞和谱子,以备传习唱奏。当时乐府里养着各地的乐工好几百人,大约便是演奏这些乐歌的。歌谣采来以后,他们先审查一下。没有谱子的,便给制谱;有谱子的,也得看看合适不合适,不合适的地方,便给改动一些。这就是"协律"的工作。歌谣的"本辞"合乐时,有的保存原来的样子,有的删节,有的加进些复沓的甚至不相干的章句。"协律"以乐为主,只要合调;歌辞通不通,他们是不大在乎的。他们有时还在歌辞里夹进些泛声;"辞"写大字,"声"写小字。但流传久了,声辞混杂起来,后世便不容易看懂了。这种种乐歌,后来称为"乐府诗",简称就叫"乐府"。北宋太原郭茂倩收集汉乐府以下历代合乐的和不合乐的歌谣,以及模拟之作,成为一书,题作《乐府诗集》;他所谓"乐府诗",范围是很广的。就中汉乐府,沈约《宋书·乐志》特称为"古辞"。

汉乐府的声调和当时称为"雅乐"的三百篇不同,所采取的是新调子。这种新调子有两种:"楚声"和"新声"。屈原的辞可为楚声的代表。汉高祖是楚人,喜欢楚声;楚声比雅乐好听。一般人不用说也是喜欢楚声的。楚声便成了风气。武帝时乐府所采的歌谣,楚以外虽然还有代、赵、秦各地的,但声调也许差不很多。那时却又输入了新声;新声出于西域和北狄的军歌。李延年多多采取这种调子唱奏歌谣,从此大行,楚声便让压下去了。楚声的句调比较雅乐参差得多,新声的更比楚声参差得多。可是楚声里也有整齐的五言,楚调曲里各篇更全然如此,像著名的《白头吟》《梁甫吟》《怨歌行》都是的。①这就是五言诗的源头。

汉乐府以叙事为主。所叙的社会故事和风俗最多,历史及游仙的故事也占一部分。此外便是男女相思和离别之作,格言式的教训,人生的慨叹等等。这些都是一般人所喜欢的题材。用一般人所喜欢的调子,歌咏一般人所喜欢的题材,自然可以风靡一世。哀帝即位,却以为这些都是不正经的乐歌;他废了乐府,裁了多一半乐工——共四百四十一人——大概都是唱奏各地乐歌的。当时颇想恢复雅乐,但没人懂得,只好罢了。不过一般人还是爱好那些乐歌。这风气直到汉末不变。东汉时候,这些乐歌已经普遍化,文人仿作的渐多;就中也有仿作整齐的五言的,像班固《咏史》。但这种五言的拟作极少;而班固那一首也未成熟,钟嵘在《诗品序》里评为"质木无文",是不错的。直到汉末,一般文体都走向整炼一路,试验这五言体的便多起来;而最高的成就是《文选》所录的《古诗十九首》。

旧传最早的五言诗,是《古诗十九首》和苏武、李陵诗;说"十九首"里有七首是枚乘作的,和苏、李诗都出现于汉武帝时代。但据近来的研究,这十九首古诗实在都是汉末的作品;苏、李诗虽题了苏、李的名字,却不合于他们的事迹,从风格上看,大约也和"十九

> 这就是五言诗的源头。
>
> 汉乐府以叙事为主。
>
> 旧传最早的五言诗,是《古诗十九首》和苏武、李陵诗。

首"出现在差不多的时候。这十九首古诗并非一人之作,也非一时之作,但都模拟言情的乐府。歌咏的多是相思离别,以及人生无常当及时行乐的意思;也有对于邪臣当道、贤人放逐、朋友富贵相忘、知音难得等事的慨叹。这些都算是普遍的题材;但后一类是所谓"失志"之作,自然兼受了《楚辞》的影响。钟嵘评古诗,"可谓几乎一字千金";因为所咏的几乎是人人心中所要说的,却不是人人口中笔下所能说的,而又能够那样平平说出,曲曲说出,所以是好。"十九首"只像对朋友说家常话,并不在字面上用工夫,而自然达意,委婉尽情,合于所谓"温柔敦厚"的诗教。② 到唐为止,这是五言诗的标准。

汉献帝建安年间(西元196—219年),文学极盛,曹操和他的儿子曹丕、曹植两兄弟是文坛的主持人;而曹植更是个大诗家。这时乐府声调已多失传,他们却用乐府旧题,改作新词;曹丕、曹植兄弟尤其努力在五言体上。他们一班人也作独立的五言诗。叙游宴,述恩荣,开后来应酬一派。但只求明白诚恳,还是歌谣本色。就中曹植在曹丕做了皇帝之后,颇受猜忌,忧患的情感,时时流露在他的作品里。诗中有了"我",所以独成大家。这时候五言作者既多,开始有了工拙的评论;曹丕说刘桢"五言诗之善者,妙绝时人"③,便是例子。但真正奠定了五言诗的基础的是魏代的阮籍,他是第一个用全力作五言诗的人。

阮籍是老、庄和屈原的信徒。他生在魏晋交替的时代,眼见司马氏三代专权,欺负曹家,压迫名士,一肚皮牢骚只得发泄在酒和诗里。他作了《咏怀诗》八十多首,述神话,引史事,叙艳情,托于鸟兽草木之名,主旨不外说富贵不能常保,祸患随时可至,年岁有限,一般人钻在利禄的圈子里,不知放怀远大,真是可怜之极。他的诗充满了这种悲悯的情感,"忧思独伤心"④一句可以表见。这里《楚辞》的影响很大;钟嵘说他"源出于《小雅》",似乎是皮相之谈。本来五言诗自始就脱不了《楚辞》的影响,不过他尤其如此。他还没有用心琢句;但语既浑括,譬喻又多,旨趣更往往难详。这许是当时的不得已,却因此增加了五言诗文人化的程度。他是这样扩大了诗的范围,正式成立了抒情的五言诗。

晋代诗渐渐排偶化、典故化。就中左思的《咏史诗》,郭璞的《游仙诗》,也取法《楚辞》,借古人及神仙抒写自己的怀抱,为后世所宗。郭璞是东晋初的人。跟着就流行了一派玄言诗。孙绰、许询是领袖。他们作诗,只是融化老、庄的文句,抽象说理,所以钟嵘说像"道德论"⑤。这种诗千篇一律,没有"我";《兰亭集诗》各人所作四言五言各一首,都是一个味儿,正是好例。但在这种影响下,却孕育了陶渊明和谢灵运两个大诗人。陶渊明,浔阳柴桑人,做了几回小官,觉得做官不自由,终于回到田园,躬耕自活。他也是老、庄的信徒,从躬耕里领略到自然的恬美和人生的道理。他是第一个人将田园生活描写在诗里。他的躬耕免祸的哲学也许不是新的,可都是他从真实生活里体验得来的,与口头的玄理不同,所以亲切有味。诗也不妨说理,但须有理趣,他的诗能够做到这一步。他作诗也只求明白诚恳,不排不典,他的诗是散文化的。这违反了当时的趋势,所以《诗品》只将他放在中品里。但他后来确成了千古"隐逸诗人之宗"⑥。

谢灵运,宋时做到临川太守。他是有政治野心的,可是不得志。他不但是老、庄的信徒,也是佛的信徒。他最爱游山玩水,常常领了一群人到处探奇访胜;他的自然的哲学和出世的哲学教他沉溺在山水的清幽里。他是第一个在诗里用全力刻画山水的人;

他也可以说是第一个用全力雕琢字句的人。他用排偶,用典故,却能创造新鲜的句子;不过描写有时不免太繁重罢了。他在赏玩山水的时候,也常悟到一些隐遁的超旷的人生哲理;但写到诗里,不能和那精巧的描写打成一片,像硬装进去似的。这便不如陶渊明的理趣足,但比那些"道德论"自然高妙得多。陶诗教给人怎样赏味田园,谢诗教给人怎样赏味山水;他们都是发现自然的诗人。陶是写意,谢是工笔。谢诗从制题到造句,无一不是工笔。他开了后世诗人着意描写的路子;他所以成为大家,一半也在这里。

> 齐武帝永明年间,"声律说"大盛。

齐武帝永明年间(西元483—493年),"声律说"大盛。四声的分别,平仄的性质,双声叠韵的作用,都有人指出,让诗文作家注意。从前只着重句末的韵,这时更着重句中的"和";"和"就是念起来顺口,听起来顺耳。从此诗文都力求谐调,远于语言的自然。这时的诗,一面讲究用典,一面讲究声律,不免有侧重技巧的毛病。到了梁简文帝,又加新变,专咏艳情,称为"宫体",诗的境界更狭窄了。这种形式与题材的新变,一直影响到唐初的诗。这时候七言的乐歌渐渐发展。汉、魏文士仿作乐府,已经有七言的,但只零星偶见,后来舞曲里常有七言之作。到了宋代,鲍照有《行路难》十八首,人生的感慨颇多,和舞曲描写声容的不一样,影响唐代的李白、杜甫很大。但是梁以来七言的发展,却还跟着舞曲的路子。不跟着鲍照的路子,这些都是宫体的谐调。

> 唐代谐调发展,成立了律诗绝句,称为近体;不是谐调的诗,称为古体;又成立了古近体的七言诗。

唐代谐调发展,成立了律诗绝句,称为近体;不是谐调的诗,称为古体;又成立了古近体的七言诗。古体的五言诗也变了格调。这些都是划时代的。初唐时候,大体上还继续着南朝的风气,辗转在艳情的圈子里。但是就在这时候,沈佺期、宋之问奠定了律诗的体制。南朝论声律,只就一联两句说;沈、宋却能看出谐调有四种句式。两联四句才是谐调的单位,可以称为周期。这单位后来写成"仄仄平平仄 平平仄仄平 平平平仄仄 仄仄仄平平"的谱。沈、宋在一首诗里用两个周期,就是重叠一次;这样,声调便谐和富厚,又不致单调。这就是八句的律诗。律有"声律""法律"两义。律诗体制短小,组织必须经济,才能发挥它的效力;"法律"便是这个意思。但沈、宋的成就只在声律上,"法律"上的进展,还等待后来的作家。

宫体诗渐渐有人觉得腻味了;陈子昂、李白等说这种诗颓靡浅薄,没有价值。他们不但否定了当时古体诗的题材,也否定了那些诗的形式。他们的五言古体,模拟阮籍的《咏怀》,但是失败了。一般作家却只大量的仿作七言的乐府歌行,带着多少的排偶与谐调。——当时往往就这种歌行里截取谐调的四句入乐奏唱。——可是李白更撇开了排偶和谐调,作他的七言乐府。李白,蜀人,明皇时做供奉翰林;触犯了杨贵妃,不能得志。他是个放浪不羁的人,便辞了职,游山水,喝酒,作诗。他的乐府很多,取材很广;他是借着乐府旧题来抒写自己生活的。他的生活态度是出世的;他作诗也全任自然。人家称他为"天上谪仙人"⑦;这说明了他的人和他的诗。他的歌行增进了七言诗的价值;但他的绝句更代表着新制。绝句是五言或七言的四句,大多数是谐调。南北朝民歌中,五言四句的谐调最多,影响了唐人;南朝乐府里也有七言四句的,但不太多。李白和别的诗家纷纷制作,大约因为当时输入的西域乐调宜于这体制,作来可供宫廷及贵人家奏唱。绝句最短小,贵含蓄,忌说尽。李白所作,自然而不觉费力,并且暗示着超远的境界;他给这新体诗立下了一个标准。

但是真正继往开来的诗人是杜甫。他是河南巩县人。安禄山

宫体诗渐渐有人觉得腻味了;陈子昂、李白等说这种诗颓靡浅薄,没有价值。

李白所作,自然而不觉费力,并且暗示着超远的境界;他给这新体诗立下了一个标准。

真正继往开来的诗人是杜甫。

陷长安，肃宗在灵武即位，他从长安逃到灵武，做了"左拾遗"的官，因为谏救房琯，被放了出去。那时很乱，又是荒年，他辗转流落到成都，依靠故人严武，做到"检校工部员外郎"，所以后来称为杜工部。他在蜀中住了很久。严武死后，他避难到湖南，就死在那里。他是儒家的信徒；"致君尧舜上，再使风俗淳"是他的素志。⑧又身经乱离，亲见了民间疾苦。他的诗努力描写当时的情形，发抒自己的感想。唐代以诗取士，诗原是应试的玩意儿；诗又是供给乐工歌妓唱了去伺候宫廷及贵人的玩意儿。李白用来抒写自己的生活，杜甫用来抒写那个大时代，诗的领域扩大了，价值也增高了。而杜甫写"民间的实在痛苦，社会的实在问题，国家的实在状况，人生的实在希望与恐惧"⑨，更给诗开辟了新世界。

> 李白用来抒写自己的生活，杜甫用来抒写那个大时代，诗的领域扩大了，价值也增高了。

他不大仿作乐府，可是他描写社会生活正是乐府的精神；他的写实的态度也是从乐府来的。他常在诗里发议论，并且引证经史百家；但这些议论和典故都是通过了他的满腔热情奔进出来的，所以还是诗。他这样将诗历史化和散文化；他这样给诗创造了新语言。古体的七言诗到他手里正式成立；古体的五言诗到他手里变了格调。从此"温柔敦厚"之外，又开了"沉着痛快"一派。⑩五言律诗，王维、孟浩然已经不用来写艳情而用来写山水；杜甫却更用来表现广大的实在的人生。他的七言律诗，也是如此。他作律诗很用心在组织上。他的五言律诗最多，差不多穷尽了这体制的变化。他的绝句直述胸怀，嫌没有余味；但那些描写片段的生活印象的，却也不缺少暗示的力量。他也能欣赏自然，晚年所作，颇有清新的刻画的句子。他又是个有谐趣的人，他的诗往往透着滑稽的风味。但这种滑稽的风味和他的严肃的态度调和得那样恰到好处，一点也不至于减损他和他的诗的身份。

>>> 万邦治《醉饮图》(局部)。这幅画是根据杜甫的诗《饮中八仙歌》所作,所咏"八仙"是指贺知章、李白、张旭等八人。

杜甫的影响直贯到两宋时代；没有一个诗人不直接间接学他的，没有一个诗人不发扬光大他的。古文家韩愈，跟着他将诗进一步散文化；而又造奇喻，押险韵，铺张描写，像汉赋似的。他的诗逞才使气，不怕说尽，是"沉着痛快"的诗。后来有元稹、白居易二人在政治上都升沉了一番；他们却继承杜甫写实的表现人生的态度。他们开始将这种态度理论化；主张诗要"上以补察时政，下以泄导人情"，"嘲风雪，弄花草"是没有意义的。⑪他们反对雕琢字句，主张诚实自然。他们将自己的诗分为"讽谕"的和"非讽谕"的两类。他们的诗却容易懂，又能道出人人心中的话，所以雅俗共赏，一时风行。当时最流传的是他们新创的谐调的七言叙事诗，所谓"长庆体"的，还有社会问题诗。

晚唐诗向来推李商隐、杜牧为大家。李一生辗转在党争的影响中。他和温庭筠并称；他们的诗又走回艳情一路。他们集中力量在律诗上，用典精巧，对偶整切。但李学杜、韩，器局较大；他的艳情诗有些实在是政治的譬喻，实在是感时伤事之作。所以地位在温之上。杜牧做了些小官儿，放荡不羁，而很负盛名，人家称为小杜——老杜是杜甫。他的诗词采华艳，却富有纵横气，又和温、李不同。然而都可以归为绮丽一派。这时候别的诗家也集中力量在律诗上。一些人专学张籍、贾岛的五言律，这两家都重苦吟，总捉摸着将平常的题材写得出奇，所以思深语精，别出蹊径。但是这种诗写景有时不免琐屑，写情有时不免偏僻，便觉不大方。这是僻涩一派。另一派出于元、白，作诗如说话，嬉笑怒骂，兼而有之，又时时杂用俗语。这是粗豪一派。⑫这些其实都是杜甫的鳞爪，也都是宋诗的先驱；绮丽一派只影响宋初的诗，僻涩、粗豪两派却影响了宋一代的诗。

宋初的诗专学李商隐；末流只知道典故对偶，真成了诗玩意儿。王禹偁独学杜甫,开了新风气。欧阳修、梅尧臣接着发现了韩愈,起始了宋诗的散文化。欧阳修曾遭贬谪;他是古文家。梅尧臣一生不得志。欧诗虽学韩,却平易疏畅,没有奇险的地方。梅诗幽深淡远,欧评他"譬如妖韶女,老自有余态","初如食橄榄,其味久愈在"。[13]宋诗散文化,到苏轼而极。他是眉州眉山(今四川眉山)人,因为攻击王安石的新法,一辈子升沉在党争中。他将禅理大量的放进诗里,开了一个新境界。他的诗气象宏阔,铺叙宛转,又长于譬喻,真到用笔如舌的地步;但不免"掉书袋"的毛病。他门下出了一个黄庭坚,是第一个有意的讲究诗的技巧的人。他是洪州分宁(今江西修水)人,也因党争的影响,屡遭贬谪,终于死在贬所。他作诗着重锻炼,着重句律;句律就是篇章字句的组织与变化。他开了江西诗派。

　　刘克庄《江西诗派小序》说他"荟萃百家句律之长,究极历代体制之变,搜猎奇书,穿穴异闻,作为古律,自成一家;虽只字半句不轻出"。他不但讲究句律,并且讲究运用经史以至奇书异闻,来增富他的诗。这些都是杜甫传统的发扬光大。王安石已经提倡杜诗,但到黄庭坚,这风气才昌盛。黄还是继续将诗散文化,但组织得更经济些;他还是在创造那阔大的气象,但要使它更富厚些。他所求的是新变。他研究历代诗的利病,将作诗的规矩得失,指示给后学,教他们知道路子,自己去创造,发展到变化不测的地步。所以能够独开一派。他不但创新,还主张点化陈腐以为新;创新需要人才,点化陈腐,中才都可勉力作去。他不但能够"以故为新",并且能够"以俗为雅"。其实宋诗都可以说是如此,不过他开始有意地运用这两个原则罢了。他的成就尤其在七言律上;组织固然更精密,音调也谐中有拗,使每个字都斩绝的站在纸面上,不至于随口滑过去。

他开了江西诗派。

>>> 宋代苏轼像和他的《治平帖》(局部)

南宋的三大诗家都是从江西派变化出来的。杨万里为人有气节；他的诗常常变格调。写景最工；新鲜活泼的譬喻，层见叠出，而且不碎不僻，能从大处下手。写人的情意，也能铺叙纤悉，曲尽其妙；所谓"笔端有口，句中有眼"⑭。他作诗只是自然流出，可是一句一转，一转一意；所以只觉得熟，不觉得滑。不过就全诗而论，范围究竟狭窄些。范成大是个达官。他是个自然诗人，清新中兼有拗峭。陆游是个爱君爱国的诗人。吴之振《宋诗钞》说他学杜而能得杜的心。他的诗有两种：一种是感激豪宕，沉郁深婉之作，一种是流连光景，清新刻露之作。他作诗也重真率，轻"藻绘"，所谓"文章本天成，妙手偶得之"⑮。他活到八十五岁，诗有万首；最熟于诗律，七言律尤为擅长。——宋人的七言律实在比唐人进步。

> 南宋的三大诗家都是从江西派变化出来的。

向来论诗的对于唐以前的五言古诗，大概推尊，以为是诗的正宗；唐以后的五言古诗，却说是变格，价值差些，可还是诗。诗以"吟咏情性"⑯，该是"温柔敦厚"的。按这个界说，齐、梁、陈、隋的五言古诗其实也不够格，因为题材太小，声调太软，算不得"敦厚"。七言歌行及近体成立于唐代，却只能以唐代为正宗。宋诗议论多，又一味刻画，多用俗语，拗折声调。他们说这只是押韵的文，不是诗。但是推尊宋诗的却以为天下事物穷则变，变则通，诗也是如此。变是创新，是增扩，也就是进步。若不容许变，那就只有模拟，甚至只有抄袭；那种"优孟衣冠"，甚至土偶木人，又有什么意义可言！即如模拟所谓盛唐诗的，末流往往只剩了空廓的架格和浮滑的声调；要是再不变，诗道岂不真穷了？所以诗的界说应该随时扩展；"吟咏情性""温柔敦厚"诸语，也当因历代的诗辞而调整原语的意义。诗毕竟是诗，无论如何的扩展与调整，总不会与文混合为一的。诗体正变说起于宋代，唐、宋分界说起于明代；其实历代诗各

> 向来论诗的对于唐以前的五言古诗，大概推尊，以为是诗的正宗；唐以后的五言古诗，却说是变格，价值差些，可还是诗。

这些争论是都不成问题的。

有胜场也各有短处，只要知道新、变，便是进步，这些争论是都不成问题的。

注释：

① 以上参用朱希祖《汉三大乐府调辨》(《清华学报》四卷二期)说。

② "诗教"见《礼记·经解》。

③ 《与吴质书》。

④ 《咏怀》第一首。

⑤ 《诗品·序》。

⑥ 《诗品》论陶语。

⑦ 原是贺知章语，见《旧唐书·李白传》。

⑧ 杜甫《奉赠韦左丞丈二十二韵》。

⑨ 胡适《白话文学史》。

⑩ 《沧浪诗话》说诗的"大概有二：曰优游不迫，曰沉着痛快"。"优游不迫"就是"温柔敦厚"。

⑪ 白居易《与元九(稹)书》。

⑫ 以上参用胡小石《中国文学史》(上海人文社版)说。

⑬ 《水谷夜行寄子美圣俞》。

⑭ 周必大跋杨诚斋诗语。

⑮ 陆游《文章诗》。

⑯ 《诗大序》。

文第十三

韩愈抗颜为人师而提倡古文,形势比较难;欧阳修居高位而提倡古文,形势比较容易。明代所称唐宋八大家,韩、柳之外,六家都是宋人。欧阳修为首;以下是曾巩、王安石、苏洵和他的儿子苏轼、苏辙。曾巩、苏轼是欧阳修的门生;别的三个也都是他提拔的。他真是当时文坛的盟主。韩愈虽然开了宗派,却不曾有意的立宗派;欧、苏是有意的立宗派。他们虽也提倡道,但只促进了并且扩大了古文的发展。欧文主自然。他所作纡徐曲折,而能条达疏畅,无艰难劳苦之态;最以言情见长,评者说是从《史记》脱化而出。曾学问有根柢,他的文确实而谨严;王是政治家,所作以精悍胜人。三苏长于议论,得力于《战国策》、《孟子》;而苏轼才气纵横,并得力于《庄子》。他说他的文"随物赋形","常行于所当行,常止于不可不止";又说他意到笔随,无不尽之处。这真是自然的极致了。他的文,学的人最多。南宋有"苏文熟,秀才足"的俗谚,可见影响之大。

现存的中国最早的文，是商代的卜辞。这只算是些句子，很少有一章一节的。后来《周易》卦爻辞和《鲁春秋》也是如此，不过经卜官和史官按着卦爻与年月的顺序编纂起来，比卜辞显得整齐些罢了。便是这样，王安石还说《鲁春秋》是"断烂朝报"①。所谓"断"，正是不成片段，不成章节的意思。卜辞的简略大概是工具的缘故；在脆而狭的甲骨上用刀笔刻字，自然不得不如此。卦爻辞和《鲁春秋》似乎没有能够跳出卜辞的氛围去；虽然写在竹木简上，自由比较多，却依然只跟着卜辞走。《尚书》就不同了。《虞书》、《夏书》大概是后人追记，而且大部分是战国末年的追记，可以不论；但那几篇《商书》，即使有些是追记，也总在商周之间。那不但有章节，并且成了篇，足以代表当时史的发展，就是叙述文的发展。而议论文也在这里面见了源头。卜辞是"辞"，《尚书》里大部分也是"辞"。这些都是官文书。

记言记事的辞之外，还有讼辞。打官司的时候，原被告的口供都叫做"辞"；辞原是"讼"的意思②，是辩解的言语。这种辞关系两造的利害很大，两造都得用心陈说；审判官也得用心听，他得公平的听两面儿的。这种辞也兼有叙述和议论;两造自己办不了,可以请教讼师。这至少是周代的情形。春秋时候,列国交际频繁,外交的言语关系国体和国家的利害更大,不用说更需慎重了。这也称为"辞",又称为"命",又合称为"辞命"或"辞令"。郑子产便是个善于辞命的人。郑是个小国,他办外交,却能教大国折服,便靠他的辞命。他的辞引古为证,宛转而有理,他的态度却坚强不屈。孔子赞美他的辞,更赞美他的"慎辞"。③孔子说当时郑国的辞命,子产先教裨谌创意起草,交给世叔审查,再教行人子羽修改,末了儿他再加润色。④他的确是很慎重的。辞命得"顺",就是宛转而有理;还得"文",就是引古为证。

> 辞命得"顺",就是宛转而有理;还得"文",就是引古为证。

孔子很注意辞命,他觉得这不是件易事,所以自己谦虚的说是办不了。但教学生却有这一科;他称赞宰我、子贡,擅长言语⑤,"言语"就是"辞命"。那时候言文似乎是合一的。辞多指说出的言语,命多指写出的言语,但也可以兼指。各国派使臣,有时只口头指示策略,有时预备下稿子让他带着走。这都是命。使臣受了命,到时候总还得随机应变,自己想说话;因为许多情形是没法预料的。——当时言语,方言之外有"雅言"。"雅言"就是"夏言",是当时的京话或官话。孔子讲学似乎就用雅言,不用鲁语。⑥卜、《尚书》和辞命,大概都是历代的雅言。讼辞也许不同些。雅言用的既多,所以每字都能写出,而写出的和说出的雅言,大体上是一致的。孔子说"辞"只要"达"就成。⑦辞是辞命,"达"是明白,辞多了像背书,少了说不明白,多少要恰如其分。⑧辞命的重要,代表议论文的发展。

> 辞命的重要,代表议论文的发展。

战国时代,游说之风大盛。游士立谈可以取卿相,所以最重说辞。他们的说辞却不像春秋的辞命那样从容宛转了。他们铺张局势,滔滔不绝,真像背书似的;他们的话,像天花乱坠,有时夸饰,有时诡曲,不问是非,只图激动人主的心。那时最重辩。墨子是第一个注意辩论方法的人,他主张"言必有三表"。"三表"是"上本之于古者圣王之事","下原察百姓耳目之实","废(发)以为刑政,观其中国家百姓人民之利"⑨;便是三个标准。不过他究竟是个注重功利的人,不大喜欢文饰,"恐人怀其文,忘其'用'",所以楚王说他"言多不辩"⑩。——后来有了专以辩论为事的"辩者",墨家这才更发展了他们的辩论方法,所谓《墨经》便成于那班墨家的手里。——儒家的孟、荀也重辩。孟子说,"予岂好辩哉?予不得已也!"⑪荀子也说,"君子必辩。"⑫这些都是游士的影响。但道家的老、庄,法家的韩非,却不重辩。《老子》里说,"信言不美,美言不信"⑬,"老学"所重的是自然。《庄子》里说,"大辩不言"⑭,"庄学"所要的是神秘。韩非也注重功利,主张以法禁辩,说辩"生于上之不明"⑮。后来儒家作《易·文言传》,也道:"君子进德修业。忠信,所以进德也;修辞立其诚,所以居业也。"这不但是在暗暗的批评着游士好辩的风气,恐怕还在暗暗的批评着后来称为名家的"辩者"呢。《文言传》旧传是孔子所作,不足信;但这几句话和"辞达"论倒是合拍的。

孔子开了私人讲学的风气,从此也便有了私家的著作。第一种私家著作是《论语》,却不是孔子自作而是他的弟子们记的他的说话。诸子书大概多是弟子们及后学者所记,自作的极少。《论语》以记言为主,所记的多是很简单的。孔子主张"慎言",痛恨"巧言"和"利口",他向弟子们说话,大概是很质直的,弟子们体念他的意思,也只简单的记出。到了墨子和孟子,可就铺排得多。《墨子》大约也是弟子们所记。《孟子》据说是孟子晚年和他的弟子公孙丑、万章等编定的,可也是弟子们记言的体制。那时是个"好辩"的时代。墨子虽不好辩,却也脱不了时代影响。孟子本是个好辩的人。记言体制的恢张,也是自然的趋势。这种记言是直接的对话。由对话而发展为独白,便是"论"。初期的论,言意浑括,《老子》可为代表,后来的《墨经》,《韩非子》"储说"的经,《管子》的《经言》,都是这体制。再进一步,便是恢张的论,《庄子·齐物论》等篇以及《荀子》《韩非子》《管子》的一部分,都是的。——群经诸子书里常常夹着一些韵句,大概是为了强调。后世的文也偶尔有这种例子。中国的有韵文和无韵文的界限,是并不怎样严格的。

还有一种"寓言",借着神话或历史故事来抒论。《庄子》多用神话,《韩非子》多用历史故事:《庄子》有些神仙家言,《韩非子》是继承《庄子》的寓言而加以变化。战国游士的说辞也好用譬喻。譬喻成了风气;这开了后来辞赋的路。论是进步的体制,但还只以篇为单位,"书"的观念还没有。直到《吕氏春秋》,才成了第一部有系统的书。⑯这部书成于吕不韦的门客之手,有十二纪、八览、六论,共三十多万字。十二代表十二月,八是卦数,六是秦代的圣数;这些数目是本书的间架,是外在的系统,并非逻辑的秩序,汉代刘安主编《淮南子》,才按照逻辑的秩序,结构就严密多了。自从有了私家著作,学术日渐平民化。著作越来越多,流传也越来越广。"雅言"便成了凝定的文体了。后世大体采用,言文渐渐分离。战国末期,"雅言"之外原还有齐语、楚语两种有势力的方言。⑰但是齐语只在《春秋公羊传》里留下一些,楚语只在屈原的"辞"里留下几个助词如"羌""些"等;这些都让"雅言"压倒了。

伴随着议论文的发展,记事文也有了长足的进步。这里《春秋左氏传》是一座里程碑。在前有分国记言的《国语》,《左传》从它

> 初期的论,言意浑括,《老子》可为代表,后来的《墨经》,《韩非子》"储说"的经,《管子》的《经言》,都是这体制。
>
> 还有一种"寓言",借着神话或历史故事来抒论。
>
> 记事文也有了长足的进步。这里《春秋左氏传》是一座里程碑。

里面取材很多。那是铺排的记言,一面以《尚书》为范本,一面让当时记言体恢张的趋势推动着,成了这部书。其中自然免不了记事的文字;《左传》便从这里出发,将那恢张的趋势表现在记事文里。那时游士的说辞也有人分国记载,也是铺排的记言,后来成为《战国策》那部书。《左传》是说明《春秋》的,是中国第一部编年史。它最长于战争的记载;它能够将千头万绪的战事叙得层次分明,它的描写更是栩栩如生。它的记言也异曲同工,不过不算独创罢了。它可还算不得一部有自己的系统的书;它的顺序是依着《春秋》的。《春秋》的编年并不是自觉的系统,而且"断如复断",也不成一部"书"。

> 汉代司马迁的《史记》才是第一部有自己的系统的史书。

汉代司马迁的《史记》才是第一部有自己的系统的史书。他创造了"纪传"的体制。他的书包括十二本纪、十表、八书、三十世家、七十列传,共五十多万字。十二是十二月,是地支,十是天干,八是卦数,三十取《老子》"三十辐共一毂"的意思,表示那些"辅弼股肱之臣""忠信行道以奉主上";[18]七十表示人寿之大齐,因为列传是记载人物的。这也是用数目的哲学作系统,并非逻辑的秩序,和《吕氏春秋》一样。这部书"厥协'六经'异传,整齐百家杂语",以剪裁与组织见长。但是它的文字最大的贡献,还在描写人物。左氏只是描写事,司马迁进一步描写人;写人更需要精细的观察和选择,比较的更难些。班彪论《史记》"善叙事理,辩而不华,质而不野,文质相称",[19]这是说司马迁行文委曲自然。他写人也是如此。他又往往即事寓情,低徊不尽;他的悲愤的襟怀,常流露在字里行间。明代茅坤称他"出《风》入《骚》",[20]是不错的。

> 汉代简直可以说是赋的时代。

汉武帝时候,盛行辞赋;后世说"楚辞汉赋",真的,汉代简直可以说是赋的时代。所有的作家几乎都是赋的作家。赋既有这样压倒的势力，一切的文体，自然都受它的影响。赋的特色是铺张、排偶、用典故。西汉记事记言，都还用散行的文字，语意大抵简明，东汉就在散行里夹排偶，汉魏之际，排偶更甚。西汉的赋，虽用排偶，却还重自然，并不力求工整；东汉到魏，越来越工整，典故也越用越多。西汉普通文字，句子很短，最短有两个字的。东汉的句子，便长起来，最短的是四个字；魏代更长，往往用上四下六或上六下四的两句以完一意。所谓"骈文"或"骈体"，便这样开始发展。骈体出于辞赋，夹带着不少的抒情的成分；而句读整齐，对偶工丽，可以悦目，声调和谐，又可悦耳，也都助人情韵。因此能够投人所好。成功了不废的体制。

> 赋的特色是铺张、排偶、用典故。

梁昭明太子在《文选》里第一次提出"文"的标准，可以说是骈体发展的指路牌。他不选经子史，也不选"辞"。经太尊，不可选；史"褒贬是非，纪别异同"，不算"文"；子"以立意为宗，不以能文为本"；"辞"是子史的支流，也都不算"文"。他所选的只是"事出于沉思，义归乎翰藻"之作。"事"是"事类"，就是典故；"翰藻"兼指典故和譬喻。典故用得好的，譬喻用得好的，他才选在他的书里。这种作品好像各种乐器，"并为入耳之娱"，好像各种绣衣，"俱为悦目之玩"。这是"文"，和经子史及"辞"的作用不同，性质自异。后来梁元帝又说："吟咏风谣，流连哀思者谓之文"；"文者，惟须绮縠纷披，宫征靡曼，唇吻遒会，情灵摇荡。"[21]这是说，用典故、有对偶、谐声调的抒情作品才叫做"文"呢。这种"文"大体上专指诗赋和骈体而言；但应用的骈体如章奏等，却不算在里头。汉代本已称诗赋为"文"，而以"文辞"或"文章"称记言、记事之作。骈体原也是些记言、记事之作，这时候却被提出一部分来，与诗赋并列在"文"的尊称之下，真是"附庸蔚为大国"了。

> 梁昭明太子在《文选》里第一次提出"文"的标准，可以说是骈体发展的指路牌。

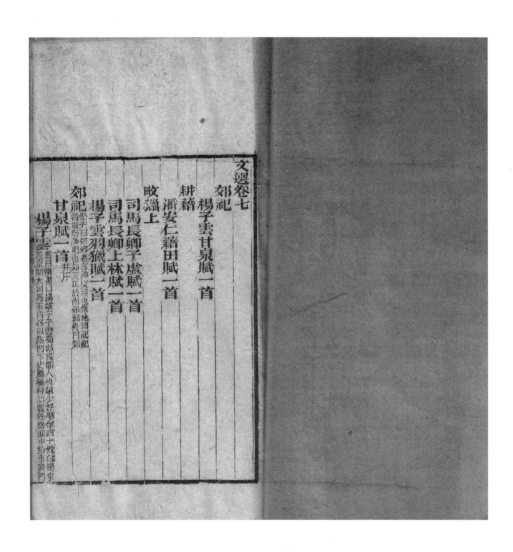

《昭明文选》刻本书影

这时有两种新文体发展。一是佛典的释译，一是群经的义疏。佛典翻译从前不是太直，便是太华；太直的不好懂，太华的简直是魏、晋人讲老、庄之学的文字，不见新义。这些译笔都不能做到"达"的地步。东晋时候，后秦主姚兴聘龟兹僧鸠摩罗什为国师，主持译事。他兼通华语及西域语；所译诸书，一面曲从华语，一面不失本旨。他的译笔可也不完全华化，往往有"天然西域之语趣"[22]；他介绍的"西域之语趣"是华语所能容纳的，所以觉得"天然"。新文体这样成立在他的手里。但他的翻译虽能"达"，却还不能尽"信"；他对原文是不太忠实的。到了唐代的玄奘，要求精确，才能"信""达"兼尽，集佛典翻译的大成。这种新文体一面增扩了国语的词汇，也增扩了国语的句式。词汇的增扩，影响最大而易见，如现在口语里还用着的"因果""忏悔""刹那"等词，便都是佛典的译语。句式的增扩，直接的影响比较小些，但像文言里常用的"所以者何""何以故"等也都是佛典的译语。另一面，这种文体是"组织的，解剖的"[23]。这直接影响了佛教徒的注疏和"科分"之学[24]，间接影响了一般解经和讲学的人。

演释古人的话的有"故""解""传""注"等。用故事来说明或补充原文，叫做"故"。演释原来辞意，叫做"解"。但后来解释字句，也叫做"故"或"解"。"传"，转也，兼有"故""解"的各种意义。如《春秋左氏传》补充故事，兼阐明《春秋》辞意。《公羊传》《谷梁传》只阐明《春秋》辞意——用的是问答式的记言。《易传》推演卦爻辞的意旨，也是铺排的记言。《诗毛氏传》解释字句，并给每篇诗作小序，阐明辞意。"注"原只解释字句，但后来也有推演辞意、补充故事的。用故事来说明或补充原文，以及一般的解释辞意，大抵明白易晓。《春秋》三传和《诗毛氏传》阐明辞意，却是断章取义，甚至断句取义，所以支离破碎，无中生有。注字句的本不该有大出入，但因对于辞意的见解不同，去取字义，也有各别的标准。注辞意的出入更大。像王弼注《周易》，实在是发挥老、庄的哲学；郭象注《庄子》，更是借了《庄子》发挥他自己的哲学。南北朝人作群经"义疏"，一面便是王弼等人的影响，一面也是翻译文体的间接影响。这称为"义疏"之学。

> 像王弼注《周易》，实在是发挥老、庄的哲学；郭象注《庄子》，更是借了《庄子》发挥他自己的哲学。
>
> "义疏"便是这个。

汉晋人作群经的注，注文简括，时代久了，有些便不容易通晓。南北朝人给这些注作解释，也是补充材料，或推演辞意。"义疏"便是这个。无论补充或推演，都得先解剖文义；这种解剖必然的比注文解剖经文更精细一层。这种精细的却不算是破坏的解剖，似乎是佛典翻译的影响。就中推演辞意的有些也只发挥老、庄之学，虽然也是无中生有，却能自成片段，便比汉人的支离破碎进步。这是王弼等人的衣钵，也是魏晋以来哲学发展的表现。这是又一种新文体的分化。到了唐修《五经正义》，削去玄谈，力求切实，只以疏明注义为重。解剖字句的功夫，至此而极详。宋人所谓"注疏"的文体，便成立在这时代。后来清代的精详的考证文，就是从这里变化出来的。

> "文"只用来称"沉思翰藻"的作品。

不过佛典只是佛典，义疏只是义疏，当时没有人将这些当做"文"的。"文"只用来称"沉思翰藻"的作品。但"沉思翰藻"的"文"，渐渐有人嫌"浮""艳"了。"浮"是不直说，不简截说的意思。"艳"正是隋代李谔《上文帝书》中所指斥的："连篇累牍，不出月露之形，积案盈箱，唯是风云之状。"那时北周的苏绰是首先提倡复古的人，李谔等纷纷响应。但是他们都没有找到路子，死板的模仿古人到底是行不通的。唐初，陈子昂提倡改革文体，和者尚少。到了中叶，才有一班人"宪章六艺，能探古人述作之旨"⑤，而元结、独孤及、梁肃最著。他们作文,主于教化,力避排偶,辞取朴拙。但教化的观念,广泛难以动众,而关于文体,他们不曾积极宣扬,因此未成宗派。开宗派的是韩愈。

韩愈,邓州南阳(今河南南阳)人。唐宪宗时,他做刑部侍郎,因谏迎佛骨被贬;后来官至吏部侍郎,所以称为韩吏部。他很称赞陈子昂、元结复古的功劳,又曾请教过梁肃、独孤及。他的脾气很坏,但提携后进,最是热肠。当时人不愿为师,以避标榜之名;他却不在乎,大收其弟子。他可不愿做章句师,他说师是"传道授业解惑"的。㉖他实在是以文辞为教的创始者。他所谓"传道",便是传尧、舜、禹、汤、文、武、周公、孔子、孟子的道;所谓"解惑",便是排斥佛、老。他是以继承孟子自命的;他排佛、老,正和孔子的距杨、墨一样。当时佛、老的势力极大,他敢公然排斥:而且因此触犯了皇帝。㉗这自然足以惊动一世。他并没有传了什么新的道,却指示了道统,给宋儒开了先路。他的重要的贡献,还在他所提倡的"古文"上。

他说他作文取法《尚书》《春秋》《左传》《周易》《诗经》以及《庄子》《楚辞》《史记》、扬雄、司马相如等。《文选》所不收的经子史,他都排进"文"里去。这是一个大改革、大解放。他这样建立起文统来。但他并不死板的复古,而以变古为复古。他说,"惟古于辞必己出,降而不能乃剽贼"㉘,又说,"惟陈言之务去,戛戛乎其难哉"㉙;他是在创造新语。他力求以散行的句子换去排偶的句子,句逗总弄得参参差差的。但他有他的标准,那就是"气"。他说,"气盛则言之短长与声之高下者皆宜"㉚;"气"就是自然的语气,也就是自然的音节。他还不能跳出那定体"雅言"的圈子而采用当时的白话;但有意将白话的自然音节引到文里去,他是第一个人。在这一

开宗派的是韩愈。

他的重要的贡献,还在他所提倡的"古文"上。

点上,所谓"古文"也是不"古"的;不过他提出"语气流畅"(气盛)这个标准,却给后进指点了一条明路。他的弟子本就不少,再加上私淑的,都往这条路上走,文体于是乎大变。这实在是新体的"古文",宋代又称为"散文"——算成立在他的手里。

柳宗元与韩愈,宋代并称;他们是好朋友。柳作文取法《书》《诗》《礼》《春秋》《易》以及《谷梁》《孟》《荀》《庄》《老》《国语》《离骚》《史记》,也将经子史排在"文"里,和韩的文统大同小异。但他不敢为师,"摧陷廓清"的劳绩,比韩差得多。他的学问见解,却在韩之上,并不墨守儒言。他的文深幽精洁,最工游记;他创造了描写景物的新语。韩愈的门下有难易两派。爱易派主张新而不失自然,李翱是代表。爱难派主张新就不妨奇怪。皇甫湜是代表。当时爱难派的流传盛些。他们矫枉过正,语艰意奥,扭曲了自然的语气,自然的音节,僻涩诡异,不易读诵。所以唐末宋初,骈体文又回光返照了一下。雕琢的骈体文和僻涩的古文先后盘踞着宋初的文坛。直到欧阳修出来,才又回到韩愈与李翱,走上平正通达的古文的路。

韩愈抗颜为人师而提倡古文,形势比较难;欧阳修居高位而提倡古文,形势比较容易。明代所称唐宋八大家[31],韩、柳之外,六家都是宋人。欧阳修为首;以下是曾巩、王安石、苏洵和他的儿子苏轼、苏辙。曾巩、苏轼是欧阳修的门生;别的三个也都是他提拔的。他真是当时文坛的盟主。韩愈虽然开了宗派,却不曾有意的立宗派;欧、苏是有意的立宗派。他们虽也提倡道,但只促进了并且扩大了古文的发展。欧文主自然。他所作纡徐曲折,而能条达疏畅,无艰难劳苦之态;最以言情见长,评者说是从《史记》脱化而出。曾学问有根柢,他的文确实而谨严;王是政治家,所作以精悍胜人。三苏长于议论，得力于《战国策》《孟子》；而苏轼才气纵横，并得力于《庄子》。他说他的文"随物赋形"，"常行于所当行，常止于不可不止"㉜；又说他意到笔随，无不尽之处。㉝这真是自然的极致了。他的文，学的人最多。南宋有"苏文熟，秀才足"的俗谚㉝，可见影响之大。

　　欧、苏以后，古文成了正宗。辞赋虽还算在古文里头，可是从辞赋出来的骈体却只拿来作应用文了。骈体声调铿锵，便于宣读，又可铺张辞藻不着边际，便于酬酢，作应用文是很相宜的。所以流传到现在，还没有完全死去。但中间却经过了散文化。自从唐代中叶的陆贽开始。他的奏议切实恳挚，绝不浮夸，而且明白晓畅，用笔如舌。唐末骈体的应用文专称"四六"，却更趋雕琢；宋初还是如此。转移风气的也是欧阳修。他多用虚字和长句，使骈体稍稍近于语气之自然。嗣后群起仿效，散文化的骈文竟成了定体了。这也是古文运动的大收获。

　　唐代又有两种新文体发展。一是语录，一是"传奇"，都是佛家的影响。语录起于禅宗。禅宗是革命的宗派，他们只说法而不著书。他们大胆的将师父们的话参用当时的口语记下来。后来称这种体制为语录。他们不但用这种体制记录演讲，还用来通信和讨论。这是新的记言的体制，里面夹杂着"雅言"和译语。宋儒讲学，也采用这种记言的体制，不过不大夹杂译语。宋儒的影响究竟比禅宗大得多，语录体从此便成立了，盛行了。传奇是有结构的小说。从前只有杂录或琐记的小说，有结构的从传奇起头。传奇记述艳情，也记述神怪；但将神怪人情化。这里面描写的人生，并非全是设想，大抵还是以亲切的观察作底子。这开了后来佳人才子和鬼狐仙侠等小说的先路。它的来源一方面是俳谐的辞赋，一方面是翻译的佛典故事；佛典里长短的寓言所给予的暗示最多。当

欧、苏以后，古文成了正宗。

唐代又有两种新文体发展。一是语录，一是"传奇"，都是佛家的影响。

它的来源一方面是俳谐的辞赋，一方面是翻译的佛典故事；佛典里长短的寓言所给予的暗示最多。

时文士作传奇，原来只是向科举的主考官介绍自己的一种门路。当时应举的人在考试之前，得请达官将自己姓名介绍给主考官；自己再将文章呈给主考官看。先呈正经文章，过些时再呈杂文如传奇等，传奇可以见史才、诗、笔、议论，人又爱看，是科举的很好媒介。这样，作者便日渐其多了。

<small>到了宋代，又有"话本"。</small>到了宋代，又有"话本"。这是白话小说的老祖宗。话本是"说话"的底本；"说话"略同后来的"说书"。也是佛家的影响。唐代佛家向民众宣讲佛典故事，连说带唱，本子夹杂"雅言"和口语，叫做"变文"；"变文"后来也有说唱历史故事及社会故事的。"变文"便是"说话"的源头；"说话"里也还有演说佛典这一派。"说话"是平民的艺术；宋仁宗很爱听，以后便变为专业，大流行起来了。这里面有说历史故事的，有说神怪故事的，有说社会故事的。"说话"渐渐发展，本来由一个或几个同类而不相关联的短故事，引出一个同类而不相关联的长故事的，后来却能将许多关联的故事组织起来，

<small>这是体制上一个大进步。</small>分为"章回"了。这是体制上一个大进步。

话本留存到现在的已经很少，但还足以见出后世的几部小说名著，如元罗贯中的《三国演义》，明施耐庵的《水浒传》，吴承恩的《西游记》，都是从话本演化出来的；不过这些已是文人的作品，而不是话本了。

<small>就中《三国演义》还夹杂着"雅言"，《水浒传》和《西游记》便都是白话了。</small>就中《三国演义》还夹杂着"雅言"，《水浒传》和《西游记》便都是白话了。这里除《西游记》以设想为主外，别的都可以说是写实的。这种写实的作风在清代曹雪芹的《红楼梦》里得着充分的发展。《三国演义》等书里的故事虽然是关联的，却不是连贯的。到了《红楼梦》，组织才更严密了；全书只是一个家庭的故事。虽然包罗万有，而能"一以贯之"。这不但是章回小说，而且是近代所谓"长篇小说"了。白话小说到此大成。

>>> 《红楼梦》剧照

明代用八股文取士，一般文人都镂心刻骨地去简练揣摩，所以极一代之盛。"股"是排偶的意思，这种体制，中间有八排文字互为对偶，所以有此称。——自然也有变化，不过"八股"可以说是一般的标准。——又称为"《四书》文"，因为考试里最重要的文字，题目都出在《四书》里。又称为"制艺"，因为这是朝廷法定的体制。又称为"时文"，是对古文而言。八股文也是推演经典辞意的；它的来源，往远处说，可以说是南北朝义疏之学，往近处说，便是宋元两代的经义。但它的格律，却是从"四六"演化的。宋代定经义为考试科目，是王安石的创制；当时限用他的群经"新义"，用别说的不录，元代考试，限于《四书》，规定用朱子的章句和集注。明代制度，主要的部分也是如此。

经义的格式，宋末似乎已有规定的标准，元明两代大体上递相承袭。但明代有两种大变化：一是排偶，一是代古人语气。因为排偶，所以讲究声调。因为代古人语气，便要描写口吻；圣贤要像圣贤口吻，小人要像小人的。这是八股文的仅有的本领，大概是小说和戏曲的不自觉的影响。八股文格律定得那样严，所以得简练揣摩，一心用在技巧上。除了口吻、技巧和声调之外，八股文里是空洞无物的。而因为那样难，一般作者大都只能套套滥调，那真是"每况愈下"了。这原是君主牢笼士人的玩艺儿，但它的影响极大；明清两代的古文大家几乎没有一个不是八股文出身的。

清代中叶，古文有桐城派，便是八股文的影响。诗文作家自己标榜宗派，在前只有江西诗派，在后只有桐城文派。桐城派的势力，绵延了二百多年，直到民国初期还残留着；这是江西派比不上的。桐城派的开山祖师是方苞，而姚鼐集其大成。他们都是安徽桐城人，当时有"天下文章在桐城"的话⑤，所以称为桐城派。方苞是八股文大家。他提倡归有光的文章,归也是明代八股文兼古文大家。方是第一个提倡"义法"的人。他论古文以为"六经"和《论语》、《孟子》是根源,得其支流而义法最精的是《左传》《史记》;其次是《公羊传》《谷梁传》《国语》《国策》,两汉的书和疏,唐宋八家文㊱——再下怕就要数到归有光了。这是他的,也是桐城派的,文统论。"义"是用意,是层次;"法"是求雅、求洁的条目。雅是纯正不杂,如不可用语录中语、骈文中丽语、汉赋中板重字法、诗歌中俊语、《南史》《北史》中佻巧语以及佛家语。后来姚鼐又加上注疏语和尺牍语。洁是简省字句。这些"法"其实都是从八股文的格律引申出来的。方苞论文,也讲"阐道"㊲;他是信程、朱之学的,不过所入不深罢了。

方苞受八股文的束缚太甚,他学得的只是《史记》、欧、曾、归的一部分,只是严整而不雄浑,又缺乏情韵。姚鼐所取法的还是这几家,虽然也不雄浑,却能"迂回荡漾,余味曲包"㊳,这是他的新境界。《史记》本多含情不尽之处,所谓远神的。欧文颇得此味,归更向这方面发展——最善述哀,姚简直用全力揣摩。他的老师刘大櫆指出作文当讲究音节,音节是神气的迹象,可以从字句下手。㊴姚鼐得了这点启示,便从音节上用力,去求得那绵邈的情韵。他的文真是所谓"阴与柔之美"。㊵他最主张诵读,又最讲究虚助字,都是为此。但这分明是八股文讲究声调的转变。刘是雍正副榜,姚是乾隆进士,都是用功八股文的。当时汉学家提倡考据,不免烦琐的毛病。姚鼐因此主张义理、考据、词章三端相济,偏废的就是"陋儒"。㊶但他的义理不深,考据多误,所有的还只是词章本领。他选了《古文辞类纂》;序里虽提到"道",书却只成为古文的典范。书中也不选经子史;经也因为太尊,子史却因为太多。书中也选辞赋。

方苞受八股文的束缚太甚,他学得的只是《史记》、欧、曾、归的一部分,只是严整而不雄浑,又缺乏情韵。姚鼐所取法的还是这几家,虽然也不雄浑,却能"迂回荡漾,余味曲包",这是他的新境界。

这部选本是桐城派的经典,学文的必由于此,也只须由于此。方苞评归有光的文庶几"有序",但"有物之言"太少。[42]曾国藩评姚鼐也说一样的话,其实桐城派都是如此。攻击桐城派的人说他们空疏浮浅,说他们范围太窄,全不错;但他们组织的技巧,言情的技巧,也是不可抹杀的。

> 姚鼐以后,桐城派因为路太窄,渐有中衰之势。

姚鼐以后,桐城派因为路太窄,渐有中衰之势。这时候仪征阮元提倡骈文正统论。他以《文选序》和南北朝"文""笔"的分别为根据,又扯上传为孔子作的《易·文言传》。他说用韵用偶的才是文,散行的只是笔,或是"直言"的"言","论难"的"语"。[43]古文以立意、记事为宗,是子史正流,终究与文章有别。《文言传》多韵语、偶语,所以孔子才题为"文"言。阮元所谓韵,兼指句末的韵与句中的"和"而言。[44]原来南北朝所谓"文""笔",本有两义:"有韵为文,无韵为笔",是当时的常言。[45]——韵只是句末韵。阮元根据此语,却将"和"也算是韵,这是曲解一。梁元帝说有对偶、谐声调的抒情作品是文,骈体的章奏与散体的著述都是笔。[46]阮元却只以散体为笔,这是曲解二。至于《文言传》,固然称"文",却也称"言",况且也非孔子所作——这更是傅会了。他的主张虽然也有一些响应的人,但是不成宗派。

> 曾国藩出来,中兴了桐城派。
>
> 曾国藩为补偏救弊起见,便就姚鼐义理、考据、词章三端相济之说加以发扬光大。

曾国藩出来,中兴了桐城派。那时候一般士人,只知作八股文;另一面汉学宋学的门户之争,却越来越厉害,各走偏锋。曾国藩为补偏救弊起见,便就姚鼐义理、考据、词章三端相济之说加以发扬光大。他反对当时一般考证文的芜杂琐碎,也反对当时崇道贬文的议论,以为要明先王之道,非精研文字不可;各家著述的见道多寡,也当以他们的文为衡量的标准。桐城文的病在弱在窄,他却能以深博的学问、弘通的见识、雄直的气势,使它起死回生。

他才真回到韩愈,而且胜过韩愈。他选了《经史百家杂钞》,将经史子也收入选本里,让学者知道古文的源流,文统的一贯,眼光便比姚鼐远大得多。他的幕僚和弟子极众,真是登高一呼,群山四应。这样延长了桐城派的寿命几十年。

但"古文不宜说理"[47],从韩愈就如此。曾国藩的力量究竟也没有能够补救这个缺陷于一千年之后。而海通以来,世变日亟,事理的繁复,有些绝非古文所能表现。因此聪明才智之士渐渐打破古文的格律,放手做去。到了清末,梁启超先生的"新文体"可算登峰造极。他的文"时杂以俚语、韵语及外国语法,纵笔所至不检束,学者竞效之"。而"条理明晰,笔锋常带情感,对于读者,别有一种魔力"。[48]但这种"魔力"也不能持久;中国的变化实在太快,这种"新文体"又不够用了。胡适之先生和他的朋友们这才起来提倡白话文,经过五四运动,白话文是畅行了。这似乎又回到古代言文合一的路。然而不然,这时代是第二回翻译的大时代,白话文不但不全跟着国语的口语走,也不全跟着传统的白话走,却有意地跟着翻译的白话走。这是白话文的现代化,也就是国语的现代化。中国一切都在现代化的过程中,语言的现代化也是自然的趋势,并不足怪的。

注释:

① 宋周麟之跋孙觉《春秋经解》引王语。"朝报"相当于现在的政府公报。

②《说文·辛部》。

③ 均见《左传·襄公二十五年》。

④《论语·宪问》。

⑤《论语·先进》。

⑥《论语·述而》:"子所雅言:《诗》《书》、执礼,皆雅言也"。这里用刘宝楠《论语正义》的解释。

⑦《论语·卫灵公》:"子曰:'辞达而已矣。'"

⑧《仪礼·聘礼》:"辞多则史,少则不达,辞苟足以达,义之至也。"

⑨《非命》上。

⑩《韩非子·外储说》左上。

⑪《滕文公》下。

⑫《非相篇》。

⑬八十一章。

⑭《齐物论》。

⑮《问辩》。

⑯上节及本节参用傅斯年《战国文籍中之篇式书体》(《中央研究院语言历史研究所集刊》第一本第二分卷)说。

⑰《孟子·滕文公》:"有楚大夫于此,欲其子之齐语也,则使齐人傅诸。"楚人要学齐语,可见齐语流行很广。又《韩诗外传》四,"然则楚之狂者楚言,齐之狂者齐言,习使然也。""楚言"和"齐言"并举,可见楚言也是很有势力的。

⑱《史记·自序》。

⑲《后汉书·班彪传》。

⑳《史记评林》总评。

㉑《金楼子·立言篇》。

㉒宋赞宁论罗什所译《法华经》语,见《宋高僧传》卷三。

㉓梁启超《翻译文学与佛典》六之二。

㉔佛教徒注释经典,分析经文的章段,称为"科分"。

㉕李舟《独孤常州集序》。

㉖《师说》。

㉗《谏佛骨表》触怒宪宗,被贬为潮州刺史。

㉘樊绍述《墓志铭》。

㉙《答李翊书》。

㉚同上。

㉛茅坤有《唐宋八大家文钞》,从此"唐宋八大家"成为定论。

㉜《文说》。

㉝何薳《春渚纪闻》中东坡事实。

㉞陆游《老学庵笔记》。

㉟周书昌语,见姚鼐《刘海峰先生八十寿序》。

㊱《古文约选·序例》。

㊲见《雷铉卜书》。

㊳吕璜纂《吴德旋初月楼古文绪论》。

㊴刘大櫆《论文偶记》。

㊵姚鼐《复鲁絜非书》。

㊶《述庵文钞序》,又《复秦小岘书》。

㊷《书震川文集后》。

㊸根据《说文·言部》。

㊹阮元《文言说》及《与友人论古文书》。

㊺《文心雕龙·总术》。

㊻《金楼子·立言篇》。

㊼曾国藩《复吴南屏书》,"仆尝谓古文之道,无施不可,但不宜说理耳"。

㊽梁启超《清代学术概论》。